NEW CROWN

♛ English Series

三省堂 ニュークラウン

英単語集 3

SANSEIDO

はじめに

　この本は，三省堂中学校英語教科書NEW CROWN English Seriesに完全準拠した英単語集です。NEW CROWNで使われている単語・熟語，慣用表現などの意味を，教科書の例文とともに掲

マークの説明

□ → 新しく出てきた単語
◇ → すでに学習した単語の別の用法
○ → 小学校で学んだ単語
＊覚えた単語には✓印を入れましょう。

見出し語の書体

①ゴシック体の太字（例：**imagine**）
　→話して書けるようにする発信語い
②ゴシック体（例：dinosaur）→読んだり聞いたりしたときに理解できる受容語い
③ローマン体で太字の斜字体（例：*all the time*）→熟語や表現
④ローマン体（例：Becky）→覚えておくと便利な語

| □ **imagine** | 動 | 想像する，心に思い描く |
| [imǽdʒin　イマヂン] | | |

◇ **would**	助	（もし…ならば）…するだろうに
[wúd　ウド]		★仮定法で用いたとき
◇ **past**	名	過去
[pǽst　パスト]		⇔future 名 未来，将来
□ dinosaur	名	恐竜
[dáinəsɔːr		■複数形はdinosaurs

| | 助 | …できたら；…できるだろうに |

品詞の略語

冠→冠詞	名→名詞（句）
代→代名詞	動→動詞
助→助動詞	形→形容詞
副→副詞	前→前置詞
接→接続詞	間→間投詞
《略》→省略形	

単語の意味と解説

★印は，使い方や注意点，■印は語の形（複数形や過去形など）を示しています。ほかに，同様の意味の語（≒）や，反対の意味の語（⇔），発音に注意が必要なもの（❶）を載せています。

　赤い文字は付属のチェックシート（赤いプラスチックシート）を当てると消えて見えます。単語や例文の意味を覚えたり確認したりする際に利用してください。

載し，確認問題を収録しています。授業の予習・復習，定期試験対策，あるいは基本語いの増強に，繰り返し利用して学習に役立ててください。

用例文（〇印がついています）

見出し語の使われている文を教科書から引用して載せています。見出し語になっている単語は赤い太字で，対応する日本語訳は太字で示しています。★印は，ターゲットとなる基本文（POINTらんの文）に該当することを示しています。

*波線〜〜〜は，教科書でページが切り替わっていることを示しています。

Imagine to Act
「行動を起こすために**想像する**」

〜〜〜〜〜〜〜〜〜〜〜〜〜〜〜〜〜〜〜〜〜〜〜〜〜

★ If I had a time machine, I would go to the past.
タイムマシーンがあったら，**過去**に行くな。

I want to see the dinosaurs.
恐竜を見てみたいんだ。

★ If I had wings, I もし翼があったら飛べ

Lesson 6 GET Part 1	pp.87~89
(1) _____	想像する
(2) _____	真実，ほんとうのこと
_____	時代
_____	恐竜
_____	「孫」の複数形
_____	孫
_____	子孫

| 月 | 日 | ／7点 | ③ | 月 | 日 | ／7点 |

CHECK IT OUTで仕上げ

ここで，新出単語の確認をしてみましょう。まず，日本語を見て英語を書いてみましょう。受容語いは最初の文字が示されています。熟語は下線部に適切な単語を書きましょう。問題を解いたあと，チェックシートを当てて繰り返し学習できるようになっています。*既習語は取り上げていません。

CONTENTS もくじ

◁コラム▷

単語ノート

Starter　Best Music of All Time

☐ Stand by Me [stǽnd bai míː ス**タ**ンド バイ **ミ**ー]	名	スタンド・バイ・ミー ★曲の名前。stand by ... で「…の力になる」という意味
☐ powerful [páuərfəl **パ**ウアフル]	形	力の強い，強力な
☐ remind [rimáind リ**マ**インド]	動	思い出させる
☐ remind ... of ～		…に～を思い起こさせる
◇ hit [hít ヒト]	名	大当たり，成功
☐ come out		出る，発表される
☐ theme [θíːm ス**ィ**ーム]	名	主題，テーマ
☐ American [əmérəkən ア**メ**リカン]	名	アメリカ人，米国人 ■複数形はAmericans
◇ than [ðǽn **ザ**ン]	前	…より ★比較級に続いて用いたとき
☐ more than ...		…より多くの
☐ artist [áːrtist **ア**ーティスト]	名	芸術家，画家；アーティスト ■複数形はartists

"Stand by Me"
『スタンド・バイ・ミー（私の力になって）』

The **powerful** lyrics **remind** you **of** your true friends.
力強い歌詞があなた**に**ほんとうの友人**を思い出させてくれます**。

The song was a great **hit** when it **came out** in 1961.
この曲は 1961 年に**発表された**とき，大**ヒット**となりました。

The movie *Stand by Me* used it as the **theme** song.
『スタンド・バイ・ミー』という映画がそれを**テーマ**ソングとして使いました。

Americans heard it **more than** seven million times on the radio.
アメリカ人はそれをラジオで 700 万回**以上**，聞きました。

Many **artists** have sung this song.
多くの**アーティスト**がこの曲を歌いました。

original [ərídʒənəl **オリヂナル**]	形	最初の，もとの
version [vɔ́:rʒən **ヴァージョン**]	名	…版
Ben E. King [bén í: kíŋ **ベン イー キング**]	名	ベン・E・キング ★アメリカ合衆国のソウル歌手（1938-2015）
earthquake [ɔ́:rθkwèik **アースクウェイク**]	名	地震
Great East Japan Earthquake [gréit í:st dʒəpǽn ɔ́:rθkwèik **グレイト イースト ヂャパン アースクウェイク**]	名	東日本大震災 ★2011年3月11日に，日本の三陸沖の太平洋を震源として発生した地震
record [rikɔ́:rd　**リコード**]	動	録音する；記録する ■過去形・過去分詞はrecorded
encourage [inkɔ́:ridʒ **インカーリヂ**]	動	勇気づける

~~~

courage [kɔ́:ridʒ　**カーリヂ**]	名	勇気
believe in ...		…を信頼する

The original version is by Ben E. King.
オリジナル版はベン・E・キングによるものです。

He saw the news about the Great East Japan Earthquake.
彼は東日本大震災のニュースを見ました。

He recorded this version to encourage people in a difficult time.
彼は困難のうちにある人々を勇気づけようと，このバージョンを録音したのです。

This is the best song to listen to when you need courage.
勇気が必要なときに聞くには，これがいちばんいい曲です。

You will believe in yourself.
あなたは自分自身のことを信じることができるでしょう。

☐☐	album [ǽlbəm　**ア**ルバム]	名	（レコード・CDの）アルバム ★数曲を収めた１枚またはセット
☐☐	Cyndi Lauper [síndi lɔ́:pər ス**ィ**ンディ　ロ**ー**パ]	名	シンディ・ローパー ★アメリカ合衆国の歌手・女優
◇◇◇	American [əmérəkən ア**メ**リカン]	形	アメリカの，米国の；アメリカ人の
◇◇◇	**copy** [kápi　**カ**ピ]	名	（同じ本・新聞・冊子などの）１冊，１部 ■複数形はcopies
☐☐	worldwide [wə̀:rldwáid ワールド**ワ**イド]	副	世界中で〔に〕
☐☐	True Colors [trú: kʌ́lərz ト**ル**ー　**カ**ラズ]	名	トゥルー・カラーズ ★曲の名前
☐☐	Rugby World Cup [rʌ́gbi wə́:rld kʌ́p **ラ**グビ　**ワ**ールド　**カ**プ]	名	ラグビーワールドカップ ★theをつけて表す
☐☐	launch [lɔ́:ntʃ　**ロ**ーンチ]	動	（企画などを）開始する ■過去形・過去分詞はlaunched
☐☐	True Colors Tour [trú: kʌ́lərz túər ト**ル**ー　**カ**ラズ　**トゥ**ア]	名	トゥルー・カラーズ・ツアー ★コンサート・ツアーの名前
☐☐	eliminate [ilímənèit イ**リ**ミネイト]	動	取り除く
☐☐	**hate** [héit　**ヘ**イト]	名	憎しみ

The song comes from the second album of Cyndi Lauper, an American singer.
この曲は**アメリカ人の歌手**，**シンディ・ローパー**の2枚目の**アルバム**に入っています。

The album sold seven million copies worldwide.
このアルバムは**世界中で**700万**枚**売れました。

"True Colors" became a theme song for the 2003 Rugby World Cup in Australia and New Zealand.
『**トゥルー・カラーズ**』は，オーストラリアとニュージーランドで開催された2003年の**ラグビーワールドカップ**のテーマソングとなりました。

Lauper launched her "True Colors Tour" in 2007.
ローパーは2007年に「**トゥルー・カラーズ・ツアー**」を**開始しました**。

The theme of the tour was to eliminate hate.
ツアーのテーマは，**憎しみを取り除く**というものでした。

Lesson 1 ▶ Best Music of All Time ~ Stand by Me GET Part 1

□ support [səpɔ́ːrt サポート]	動	支持する，支援する
□ while [hwáil (ホ)ワイル]	接	(…する)間に
□ truly [trúːli トルーリ]	副	ほんとうに

GET Part 1

◇ have [hǽv ハヴ]	助	ずっと…している ★現在完了進行形を表す
◇ been [bíːn ビーン]	助	(今まで)…し続けている ★〔have〔has〕been ＋動詞の -ing 形〕の形で現在完了進行形を作る
□ discuss [diskʌ́s ディスカス]	動	話し合う，討議〔論議〕する ■-ing形は discussing
□ come up with ...		…を思いつく
□ narrow [nǽrou ナロウ]	動	狭くする；狭くなる ■過去形・過去分詞は narrowed
◇ to [túː トゥー]	前	…に(なるまで) ★結果・到達点を表す
□ narrow down ... to ~		…を~までにしぼる
□ pitcher [pítʃər ピチャ]	名	投手，ピッチャー
□ less than ...		…より少ない

Many other singers and bands joined the tour to **support** her.
彼女を**支援する**ために，ほかの多くの歌手やバンドがツアーに参加しました。

You should read the lyrics **while** you listen.
聞き**ながら**歌詞を読んでみるべきです。

Then you will **truly** understand the power of this song.
そうすると，この曲の力を**ほんとうに**理解することができるでしょう。

教 pp.8~9

✪ We **have been discussing** it since last week.
私たちは先週からそれについて**話し合っています**。

Have you **come up with** any ideas?
何かアイデア**を思いつきました**か。

We've **narrowed down** the list **to** two songs: "Stand by Me" and "True Colors".
リスト**を** 2 曲まで**しぼりました**。『スタンド・バイ・ミー』と『トゥルー・カラーズ』です。

I'm a **pitcher**.
私は**ピッチャー**です。

trumpet　　　　名　トランペット
［trʌ́mpət
トランペト］

GET Part 2

friendship [fréndʃìp フレンドシプ]	名	友情	
OK [òukéi オウ**ケイ**]	形 間	よろしい, オーケー	
beginning [bigíniŋ ビ**ギ**ニング]	名	初め, 最初；始まり	
a little		少し(の)	
rough [rʌ́f **ラ**フ]	形	荒々しい	
that [ðǽt **ザ**ト]	副	そんなに, それほど(に)	
rest [rést **レ**スト]	動	休む, 休息する	

~~~~~~

mirror [mírər ミラ]	名	鏡	
marker [máːrkər **マ**ーカ]	名	マーカーペン	
pen [pén **ペ**ン]	名	ペン	

"Stand by Me" is a good song about love and **friendship**.
『スタンド・バイ・ミー』は愛と**友情**についてのよい曲です。

OK, everyone. One more time.
オーケー，みんな。もう一度。

From the **beginning**.
最初から。

Your voice is **a little rough**.
あなたの声は**少し荒々しい**わ。

That long?
そんなに長く？

You should **rest** a little.
少し**休ん**だ方がいいですよ。

stamp	名	切手
［stǽmp　スタンプ］		■複数形は stamps
wait for ...		…を待つ

USE Read "Stand by Me"

darkness [dá:rknəs ダークネス]	名	暗さ，（暗）やみ
move [mú:v ムーヴ]	動	動かす；動く，移動する
on [án アン]	副	どんどん続けて，先へ ★継続・進行を表す
move on		先へ進む
next [nékst ネクスト]	副	次に，今度
next to ...		…のとなりに〔の〕
bravely [bréivli ブレイヴリ]	副	勇ましく，勇敢に
face [féis フェイス]	動	（危険・困難などに）立ち向かう，直面する
danger [déindʒər ディンヂャ]	名	危険（な状態） ■複数形は dangers
arm [á:rm アーム]	名	腕 ★肩先から手首または指先までをさす
off [ɔ́:f オーフ]	前	…から離れて；…から取り去って ★動き・場所・距離を表す
operation [àpəréiʃən アパレイション]	名	手術
couldn't [kúdnt クドント]		could not の短縮形

The song starts in **darkness**.
曲は**暗やみ**から始まります。

However, the lyrics **move on** from that.
ですが，歌詞はそこから**先へ進みます**。

They say that if your friend is **next to** you, you do not need to be afraid.
あなたの友人があなた**のとなりに**いるなら恐れる必要はない，と言っています。

Together, you can **bravely face** darkness, **dangers**, and troubles.
一緒なら，暗やみにも，**危険**にも，困難にも，**勇敢に立ち向か**えます。

Last year, I broke my **arm** when I fell **off** my bicycle.
昨年，私は自転車**から**落ちて**腕**を骨折しました。

I had an **operation**.
私は**手術**を受けました。

I **couldn't** play the drums for more than a month.
私は1か月以上ドラムを叩く**ことができませんでした**。

unfortunately [ʌnfɔ́:rtʃənətli アンフォーチュネトリ]	副	不幸にも，運悪く，あいにく，残念ながら
stage [stéidʒ ステイヂ]	名	(劇場などの)舞台，ステージ
seem [sí:m スィーム]	動	…のように見える ■過去形・過去分詞は seemed
bring back ...		…を返却する，持ち帰る，呼び戻す
decide to ...		…することを決心する
graduation [grædʒuéiʃən グラヂュエイション]	名	卒業
though [ðóu ゾウ]	接	だが，…にもかかわらず
argument [ɑ́:rgjəmənt アーギュメント]	名	議論；口論 ■複数形は arguments
◇ **small** [smɔ́:l スモール]	形	ささいな
issue [íʃu: イシュー]	名	問題(点)，争点 ■複数形は issues
get tired		疲れる
give up		諦める

Unfortunately, this happened a week before the school festival.
不幸にも，これは文化祭の1週間前に起こりました。

I couldn't perform on the **stage** with my music club band.
私は音楽部のバンドと**舞台**で演奏することができなかったのです。

My life **seemed** so terrible.
人生がとてもひどいもの**のように見えました**。

This **brought** light **back** into my life.
このことが私の人生に光**を取り戻しました**。

We **decided to** play the song in our **graduation** concert.
私たちは**卒業公演**でその曲を演奏**することを決めました**。

Though the song is simple, we practiced it very hard.
曲は簡単**ですが**，私たちはとても熱心に練習しました。

Sometimes we had **arguments** about **small issues**.
時には，**小さな問題**で**口論**になりました。

Other times we **got tired** and wanted to **give up**.
またある時には，**疲れ**て**諦め**たいと思いました。

19

◇◇◇ **by** [bái バイ]	前	…ごとに ★単位を表す
day by day		日ごとに
◇◇◇ **down** [dáun ダウン]	形	元気がない
trust [trʌ́st トラスト]	動	信頼する，信用する
close [klóus クロウス]	形	（ごく）近い；親密な，親しい

USE Speak　世界の中学生に聞いてほしい曲を紹介しよう

title [táitl タイトル]	名	タイトル，題名
bloom [blú:m ブルーム]	動	花が咲く
◇◇◇ **then** [ðén ゼン]	名	その時，そのころ
victim [víktəm ヴィクティム]	名	（戦争などで死んだ）犠牲者 ■複数形は victims
◇◇◇ **the** [ðə, ðí: ザ，ズィー]	冠	…な人々，…なもの ★〔the＋形容詞〕の形で用いる
living [líviŋ リヴィング]	形	生きている
survivor [sərváivər サヴァイヴァ]	名	生存者 ■複数形は survivors
◇◇◇ **hope** [hóup ホウプ]	名	希望，望み

Our friendship and performance became stronger **day by day**.
私たちの友情と演奏は，**日に日に**力強くなっていきました。

When you are **down** or in trouble, listen to this song.
気分が落ち込んでいたり，困難なときには，この曲を聞いてみてください。

Trust me.
私を**信じてください**。

You can remember your **close** friends, and you will feel better.
親しい友人を思い出すことができ，元気になることでしょう。

教 pp.14~15

The **title** means "Flowers will **bloom**."
タイトルは「花は**咲く**」という意味です。

Many people have been listening to it since **then**.
そのころから多くの人々がそれを聞いています。

I think that the song is a powerful message from the **victims** to **the living** and **survivors**.
私は，この曲は**犠牲者**から**生きている者**や**生存者**への力強いメッセージだと思います。

The song gives **hope** for the future.
この曲は未来への**希望**を与えてくれます。

◇◇◇ to [túː **トゥー**]	前	…に ★接触・接続を表す
☐☐☐ playlist [pléilìst **プレイリスト**]	名	プレイリスト

Take Action! Listen 1   避難訓練のアナウンス

☐☐ drill [dríl **ドリル**]	名	訓練
☐☐ instruction [instrʌ́kʃən **インストラクション**]	名	命令，さしず
☐☐ west [wést **ウェスト**]	名 形	西(の)
☐☐ building [bíldiŋ **ビルディング**]	名	建物，建築物

Take Action! Talk 1   おすすめの場所は？

☐☐ particular [pərtíkjələr **パティキュラ**]	名	項目，細部
☐☐ *in particular*		特に
☐☐ season [síːzən **スィーズン**]	名	季節

Please add the song **to** your **playlist**.
ぜひ，この曲をあなたの**プレイリスト**に追加してください。

教 p.16

exit [égzit **エ**グズィット]	動	退出する
parking [pά:rkiŋ **パ**ーキング]	名	駐車
parking lot [pά:rkiŋ lὰt **パ**ーキング ラト]	名	駐車場
push [púʃ **プ**シュ]	動	押す

教 p.17

Do you recommend any places **in particular**?
どこか**特に**おすすめの場所はある？

Which **season** do you recommend?
どの**季節**をおすすめしますか。

CHECK IT OUT!

(1)		思い出させる
(2)		最初の，もとの
(3)		録音する，記録する
(4)		憎しみ
(5)		(…する)間に
(6)	p	力の強い
(7)	t	主題，テーマ
(8)	A	アメリカ人，米国人
(9)	v	…版
(10)	e	地震
(11)	e	勇気づける
(12)	c	勇気
(13)	a	アルバム
(14)	w	世界中で〔に〕
(15)	l	(企画などを)開始する
(16)	e	取り除く
(17)	s	支持する，支援する
(18)	t	ほんとうに
(19)	believe _____ ...	…を信頼する

① 月 日	／19点	② 月 日	／19点	③ 月 日	／19点

Lesson 1 GET Part 1

pp.8~9

(1)	d _____	話し合う，討議する
(2)	n _____	狭くする
(3)	p _____	投手，ピッチャー
(4)	t _____	トランペット
(5)	_____ up with ...	…を思いつく
(6)	narrow _____ ... to ~	…を~までにしぼる

| ① | 月 | 日 | ／6点 | ② | 月 | 日 | ／6点 | ③ | 月 | 日 | ／6点 |

Lesson 1 GET Part 2

教 pp.10~11

(1)	_____	よろしい，オーケー
(2)	_____	初め，始まり
(3)	f _____	友情
(4)	r _____	荒々しい
(5)	r _____	休む
(6)	m _____	鏡
(7)	s _____	切手
(8)	a _____	少し（の）
(9)	_____ for ...	…を待つ

| ① | 月 | 日 | ／9点 | ② | 月 | 日 | ／9点 | ③ | 月 | 日 | ／9点 |

25

CHECK IT OUT!

Lesson 1　USE Read

📙 pp.12~13

(1)	_____	動かす，移動する
(2)	_____	腕
(3)	_____	不幸にも，運悪く
(4)	_____	舞台，ステージ
(5)	_____	…のように見える
(6)	_____	だが，…にもかかわらず
(7)	_____	議論，口論
(8)	_____	問題(点)，争点
(9)	_____	信頼する，信用する
(10)	_____	(ごく)近い，親密な
(11)	d _____	暗さ，(暗)やみ
(12)	b _____	勇ましく
(13)	d _____	危険(な状態)
(14)	o _____	手術
(15)	_____	could not の短縮形
(16)	_____ to ...	…することを決心する
(17)	get _____	疲れる
(18)	_____ up	諦める
(19)	day _____ day	日ごとに

①	月	日	／19点	②	月	日	／19点	③	月	日	／19点

26

Lesson 1 USE Speak

(1) t _____   タイトル，題名
(2) b _____   花が咲く
(3) v _____   犠牲者
(4) l _____   生きている
(5) s _____   生存者

① 月 日	／5点	② 月 日	／5点	③ 月 日	／5点

Take Action! Listen 1

教 p.16

(1) _____   西(の)
(2) _____   建物，建築物
(3) _____   押す
(4) d _____   訓練
(5) i _____   命令，さしず

① 月 日	／5点	② 月 日	／5点	③ 月 日	／5点

Take Action! Talk 1

教 p.17

(1) p _____   項目，細部
(2) s _____   季節
(3) _____ particular   特に

① 月 日	／3点	② 月 日	／3点	③ 月 日	／3点

GET Part 1

☐ rupee [ru:píː ルーピー]	名	ルピー ★インド・パキスタンなどの通貨単位
◇ note [nóut ノウト]	名	紙幣 ■複数形は notes
◇ are [áːr アー]	助	…される ★〔are ＋過去分詞〕の形で受け身を表す
☐ print [prínt プリント]	動	印刷する ■過去形・過去分詞は printed
☐ Marathi [mərá:ti マラーティ]	名	マラーティー語 ★主にインドの中西部で話されている言語；インドの公用語の１つ
◇ use [júːs ユース]	名	使用；用途 ❶語尾は [s] の発音になることに注意
☐ depend [dipénd ディペンド]	動	…次第である ★〔depend on …〕の形で用いて ■3単現は depends
◇ on [án アン]	前	…を支えとして ★基礎を表す
☐ *depend on …*		…次第である
◇ is [íz イズ]	助	…される ★〔is ＋過去分詞〕の形で受け身を表す

☐ kettle [kétl ケトル]	名	やかん
☐ fork [fɔ́ːrk フォーク]	名	(食卓用の) フォーク

✪ **Rupee notes are** used in India.
インドでは，**ルピー紙幣**が使わ**れています**。

✪ Many languages are printed on it.
それには，多くの言語が**印刷さ**れています。

I speak Marathi with my family at home.
私は，家では家族と**マラーティー語**を話します。

My use of these languages depends on the person and situation.
これらの言語の**使用**は，相手や場面**によります**。

✪ The kitchen is cleaned every day.
台所は毎日掃除**されます**。

soap [sóup ソウプ]	名	せっけん
blanket [blǽŋkət ブランケト]	名	毛布

pillow [pílou **ピロウ**]	名	まくら
living [líviŋ **リヴィング**]	名	生活
dining [dáiniŋ **ダイニング**]	名	食事
bedroom [bédrù:m **ベドルーム**]	名	寝室

GET Part 2

Indian [índiən **インディアン**]	名 形	インド〔人〕(の)
film [fílm **フィルム**]	名	映画 ★主に英で使われる。米では movie が一般的
was [wáz **ワズ**]	助	…された ★〔was ＋過去分詞〕の形で過去の受け身を表す
direct [dərékt ディ**レ**クト]	動	(映画などを)監督〔演出〕する ■過去形・過去分詞は directed
release [rilí:s リ**リ**ース]	動	(CDなどを)発売する； (映画を)封切りする，公開する ■過去形・過去分詞は released
Picasso [piká:sou ピ**カ**ーソウ]	名	ピカソ ★スペインの画家・彫刻家(1881-1973)
tale [téil **テ**イル]	名	物語，お話

☐ deliver ☐ [dilívər ディ**リ**ヴァ]	動	配達する	
☐ flag ☐ [flǽg フ**ラ**グ]	名	旗	
☐ **meeting** ☐ [mí:tiŋ ミーティング]	名	集会，集まり，会 ■複数形は meetings	

教 pp.22~23

I've never seen an **Indian** movie.
私，**インドの**映画は見たことがないんだ。

❂ The **film was directed** by a famous Indian actor.
この**映画**は有名なインド人俳優によって**監督されたんだ**。

Indian films are often **released** in several
languages.
インド映画は，よくいくつかの言語で**公開**されるんだ。

❂ This picture was painted by **Picasso**.
この絵は**ピカソ**によって描かれました。

☐ Hello, Goodbye ☐ [helóu gùdbái ヘ**ロ**ウ グ**ド**バイ]	名	ハロー・グッドバイ ★曲の名前	

catchy [kǽtʃi キャチ]	形	人の心を引き寄せる；覚えやすい	
uplifting [ʌplíftiŋ アプリフティング]	形	気持ちを高揚させる	
map [mǽp マプ]	名	地図	
create [kriéit クリエイト]	動	作り出す，創造する	
Gaudi [gaudíː ガウディー]	名	ガウディ ★スペインの建築家 (1852-1926)	
design [dizáin ディザイン]	動	設計する；(服などを) デザインする	

USE Read A Country of Diversity

locate [lóukeit ロウケイト]	動	位置する ★ (be located ...) の形で用いて ■過去形・過去分詞は located	
be located *in ...*		…に位置する	
South Asia [sáuθ éiʒə サウス エイジャ]	名	南アジア	
billion [bíljən ビリョン]	名	10 億	

☐☐	Mozart [móutsɑːrt モウツァート]	名	モーツァルト ★オーストリアの作曲家（1756-1791）
☐☐	compose [kəmpóuz コンポウズ]	動	作曲する；組み立てる
☐☐	Darwin [dáːrwin ダーウィン]	名	ダーウィン ★進化論を確立した英国の生物学者（1809- 1882）
☐☐	frog [frɔ́ːg　フローグ]	名	カエル
☐☐	Gogh [góu　ゴウ]	名	ゴッホ ★後期印象派のオランダの画家（1853-1890）

教 pp.24~25

○○○ India **is located in South Asia**.
インドは**南アジアに位置しています**。

○○○ More than one **billion** people live in India.
10億人以上の人がインドに住んでいます。

saying [séiiŋ **セイイング**]	名	ことわざ，格言	
mile [máil **マイル**]	名	マイル ★1マイルは約1.6 km ■複数形はmiles	
speech [spíːtʃ **スピーチ**]	名	話しことば；国語	
official [əfíʃəl **オフィシャル**]	形	公式の	
major [méidʒər **メイヂャ**]	形	(他と比べて)大きな，主要な，重要な	
shampoo [ʃæmpúː シャン**プー**]	名	シャンプー	

Urdu [úərduː **ウ**アドゥー]	名	ウルドゥー語
mostly [móustli **モ**ウストリ]	副	主として，たいてい，大部分は
northern [nɔ́ːrðərn **ノ**ーザン]	形	北の
system [sístəm **ス**ィステム]	名	体系；方式
Arabic [ǽrəbik **ア**ラビク]	名	アラビア語
go [góu **ゴ**ウ]	動	動く，移動する ■3単現はgoes

In India, there is a saying, "Every four miles the speech changes."

インドには，「4 マイルごとに話すことばが変わる」ということわざがあります。

There are 22 official languages, and more than 250 other languages are spoken in India.

インドには 22 の公用語があり，そのほか 250 以上もの言語が話されています。

One of the major official languages of India is Hindi.

インドの主要な公用語の 1 つは，ヒンディー語です。

For example, 'pajamas' and 'shampoo' come from Hindi.

たとえば，「パジャマ」や「シャンプー」はヒンディー語から来ています。

Urdu is another official language.

ウルドゥー語はもう 1 つの公用語です。

It is mostly spoken in northern India.

それは主に北インドで話されています。

Its writing system comes from Arabic, so it goes from right to left.

その書記体系はアラビア語から来ているので，右から左に書きます。

35

□ beauty □ [bjúːti **ビューティ**]	名	美，美しさ；魅力
□ grace □ [gréis **グレイス**]	名	優美，上品さ
□ literature □ [lítərətʃər **リタラチャ**]	名	文学，文献
□ poetry □ [póuətri **ポウエトリ**]	名	詩
□ commonly □ [kámənli **カモンリ**]	副	一般に，普通に
◇ **until** ◇ [əntíl **アンティル**]	接	…(する)まで(ずっと)
◇ British ◇ [brítiʃ **ブリティシュ**]	名	英国人，イギリス人 ★theをつけ複数として扱う
◇ **rule** ◇ [rúːl **ルール**]	動	支配する ■過去形・過去分詞はruled
◇ **to** ◇ [túː **トゥー**]	前	…まで；(ある時刻まで)…(分)前 ★範囲の終わり側を表す
□ *from ... to ~*		…から~まで
□ mid-1900s □ [míd naintíːn hándredz **ミド ナイ ンティーン ハンドレヅ**]	名	1900年代半ば
□ remain □ [riméin **リメイン**]	動	残る，とどまる ■過去形・過去分詞はremained

The language is known for its beauty and grace.
この言語はその**美しさ**と**上品さ**で知られています。

A lot of great literature and poetry are written in Urdu.
多くの偉大な**文学**や**詩**がウルドゥー語で書かれています。

English is also commonly used.
英語もまた**一般的に**使われています。

English was not spoken in India until the British came.
インドでは，**英国人**が来る**まで**，英語は話されていませんでした。

India was ruled by them from the 1600s to the mid-1900s.
インドは彼らによって 1600 年代**から 1900 年代の半ばまで統治**されていました。

Later, the British left, but their language remained.
後に，英国人は去りましたが，彼らの言語は**残りました**。

□ □ **across** [əkrɔ́ːs　アクロース]	前	…のいたる所に，…中に
□ □ □ *across the country*		国中
□ □ **business** [bíznəs　ビズネス]	名	会社，仕事 ■複数形は businesses
□ □ **across** [əkrɔ́ːs　アクロース]	前	…を横切って；(こちら側から) …の向こう側へ，(あちら側から) …のこちら側へ
□ □ *come across ...*		(偶然) …を見つける；…と出会う ★しばしば「偶然」見つけることを意味する
□ □ diversity [dəvə́ːrsəti ディヴァースィティ]	名	多様性

USE Write　おすすめの日本語を紹介しよう

□ □ wasteful [wéistfəl ウェイストフル]	形	むだに使う
□ □ notebook [nóutbùk ノウトブク]	名	ノート
□ □ blank [blǽŋk　ブランク]	形	何も書かれていない
◇ ◇ ◇ anyway [éniwèi　エニウェイ]	副	…にもかかわらずとにかく

Now English is used **across the country** in schools
and **businesses**.
今や英語は学校や**会社**など**国のいたるところ**で使われています。

You will **come across** many others.
あなたはこのほかにも数多くの言語**に出会う**でしょう。

Enjoy their **diversity** and beauty when you visit.
あなたが訪れるときは，それらの**多様性**と美しさを楽しんでください。

教 pp.26~27

People use the word when something is wasted, or
when an action is **wasteful**.
人々はこのことばを，何かが浪費されたときや，ある行為が**むだの多い**とき
に使います。

For example, you have a **notebook** with many
blank pages in it.
たとえば，あなたは，**何も書かれていない**ページがたくさん残っている**ノー
ト**を持っています。

You buy a new one **anyway**.
それでも，新しいものを買います。

Take Action! Listen 2　旅行の行き先の相談

somewhere [sʌ́mhwèər **サ**ム(ホ)ウェア]	副	どこかで，どこかへ，どこかに
through [θrúː　**スルー**]	前	通り抜けて

Take Action! Talk 2　どうしてそう思うの?

deer [díər　**ディ**ア]	名	シカ ❶dear(親愛なる…)と同じ発音
suggestion [səgdʒéstʃən サグ**チェ**スチョン]	名	提案
according [əkɔ́ːrdiŋ ア**コー**ディング]	副	…によれば ★〔according to …〕の形で用いて
according to …		…によれば

Project 1　日本限定アイスクリームを提案しよう

premium [príːmiəm プ**リー**ミアム]	形	高級な
soup [súːp　**スープ**]	名	スープ

☐☐☐ whale-watching 名 クジラを見ること
[hwéil wátʃiŋ
(ホ)**ウェイル ワ**チング]

In addition, we can see deer.
それに，**シカ**を見ることができるよ。

That's a great suggestion.
それはすばらしい**提案**だね。

We suggest this new ice cream: Premium Miso Soup.
私たちはこの新しいアイスクリームを提案します。それは，「**高級**味噌**汁**味」
です。

cone [kóun コウン]	名	（アイスクリームを盛る）コーン
contain [kəntéin コンテイン]	動	含む，入れている ■3単現はcontains
both [bóuθ ボウス] *both ... and ~*	副	…と～のどちらも ★[both ... and ~]の形で用いて …と～のどちらも
tofu [tóufu: トウフー]	名	豆腐
seaweed [sí:wì:d スィーウィード]	名	海草，のり
piece [pí:s ピース]	名	断片，破片 ■複数形はpieces
texture [tékstʃər テクスチャ]	名	食感
since [síns スィンス]	接	…なので
go well *with ...*		…と調和する
represent [rèprizént レプリゼント]	動	代表する ■3単現はrepresents

The **cone contains both** miso **and tofu**.
コーンには味噌**と豆腐の両方**が**入っています**。

We put **seaweed pieces** in the ice cream to add
texture.
食感を高めるために**海藻の断片**をアイスクリームに入れています。

Since miso is already used for Japanese sweets, we
are sure it will **go well with** ice cream.
味噌はすでに和菓子に使われている**ので**，きっとアイスクリーム**と調和する**
でしょう。

This truly **represents** Japanese food culture.
これこそ真に日本の食文化を**代表しています**。

CHECK IT OUT!

Lesson 2 GET Part 1

(1)	_____ on ...	…次第である
(2)		寝室
(3)		集会，集まり
(4)	p	印刷する
(5)	M	マラーティー語
(6)	k	やかん
(7)	f	（食卓用の）フォーク
(8)	s	せっけん
(9)	b	毛布
(10)	p	まくら
(11)	d	食事
(12)	d	配達する
(13)	f	旗

① 月 日 ／13点	② 月 日 ／13点	③ 月 日 ／13点

(1)		映画
(2)	I	インド〔人〕(の)
(3)	d	監督〔演出〕する
(4)	r	発売する，公開する
(5)	t	物語，お話
(6)	c	人の心を引き寄せる
(7)	u	気持ちを高揚させる
(8)	c	作り出す，創造する
(9)	c	作曲する，組み立てる

① 月 日	╱9点	② 月 日	╱9点	③ 月 日	╱9点

(1)		大きな，主要な
(2)		体系，方式
(3)		残る，とどまる
(4)		…のいたる所に，…を横切って
(5)		会社，仕事
(6)	l	位置する
(7)	S　　　A	南アジア
(8)	b	10億
(9)	m	マイル
(10)	o	公式の
(11)	s	シャンプー
(12)	U	ウルドゥー語

CHECK IT OUT!

(13)	m _____	主として
(14)	n _____	北の
(15)	A _____	アラビア語
(16)	b _____	美，美しさ
(17)	g _____	優美，上品さ
(18)	l _____	文学
(19)	p _____	詩
(20)	c _____	一般に，普通に
(21)	d _____	多様性
(22)	_____ across ...	…と偶然出会う

① 月 日	／22点	② 月 日	／22点	③ 月 日	／22点

Lesson 2 USE Write

(1)	w _____	むだに使う
(2)	b _____	何も書かれていない

① 月 日	／2点	② 月 日	／2点	③ 月 日	／2点

Take Action! Listen 2

教 p.28

(1)	_____	どこかで，どこかへ
(2)	_____	通り抜けて

① 月 日	／2点	② 月 日	／2点	③ 月 日	／2点

Take Action! Talk 2

(1)		提案
(2)	d	シカ
(3)	a _____ to ...	…によれば

① 月 日	／3点	② 月 日	／3点	③ 月 日	／3点

Project 1

📖 pp.32~33

(1)		断片，破片
(2)	p	高級な
(3)	c	コーン
(4)	c	含む，入れている
(5)	s	海草，のり
(6)	t	食感
(7)	go _____ with ...	…と調和する

① 月 日	／7点	② 月 日	／7点	③ 月 日	／7点

GET Part 1

◇◇◇ **were** [wə́:r ワー]	助	…された ★〔were＋過去分詞〕の形で過去の受け身を表す	
destroy [distrɔ́i ディストロイ]	動	破壊する，こわす ■過去形・過去分詞は destroyed	
◇◇◇ **only** [óunli オウンリ]	副	ただ…だけ ★人・物・行為・状態などを限定する用法	
atomic [ətámik アタミク]	形	原子(力)の	
bomb [bám バム]	名	爆弾	
dome [dóum ドウム]	名	丸屋根，ドーム	
Atomic Bomb Dome [ətámik bám dóum アタミク バム ドウム]	名	原爆ドーム ★the をつけて用いる	
binder [báindər バインダ]	名	バインダー	
glass [glǽs グラス]	名	ガラス，コップ；〔glasses で〕めがね ■複数形は glasses	
couch [káutʃ カウチ]	名	ソファー	

Many buildings here **were destroyed** in 1945.
ここのたくさんの建物が 1945 年に**破壊されました**。

Only this remained.
これ**だけ**が残りました。

We call it the **Atomic Bomb Dome**.
私たちはそれを**原爆ドーム**と呼んでいます。

✪The person holding a **binder** is a volunteer guide.
バインダーを持っている人はボランティアガイドです。

GET Part 2

□ damage □ [dǽmidʒ **ダミヂ**]	動	損害〔被害〕を与える，傷つける ■過去形・過去分詞は damaged
□ display □ [displéi **ディスプレイ**]	名	陳列，展示
□ *on display*		展示されて
□ shock □ [ʃák **シャク**]	動	ぎょっとさせる，衝撃を与える ■過去形・過去分詞は shocked
□ reality □ [riǽləti **リアリティ**]	名	現実
□ Switzerland □ [swítsərlənd **スウィッツァランド**]	名	スイス ★西ヨーロッパ中部の共和国；首都はベルン
□ Italy □ [ítəli **イタリ**]	名	イタリア ★西ヨーロッパの共和国；首都ローマ
□ Monet □ [mounéi **モウネイ**]	名	モネ ★フランスの印象派の画家(1840-1926)
□ Dr. King □ [dáktər kíŋ **ダクタ キング**]	名	キング牧師 ★Dr.(doctor の略)は博士号を取得した人への 敬称

USE Read The Story of Sadako

□ flash □ [flǽʃ **フラシュ**]	名	閃光，きらめき
◇ over ◇ [óuvər **オウヴァ**]	前	(覆うように)…の上に，…の上を〔の，で〕 ★上の位置を表す

I saw **damaged** things **on display**.
展示されている被害を受けたものを見ました。

They **shocked** me.
それらは私に**衝撃を与えました**。

It's important for us to see the **reality** of war.
私たちが戦争の**現実**を見ることは大切なことですね。

This is a bag made in **Italy**.
これは**イタリア**で作られたかばんです。

Lucas	名	ルーカス
[lúːkəs ルーカス]		★人の名前

It began with a **flash**.
それは**閃光**とともに始まりました。

On August 6, 1945, an atomic bomb was dropped **over** Hiroshima.
1945 年 8 月 6 日，原子爆弾が広島**の上空に**落とされたのです。

◇◇◇ **least** [líːst **リースト**]	代	一番少ないもの，最少	
□□□ *at least*		少なくとも	
◇◇ **by** [bái **バイ**]	前	…までには ★期限を表す	
□□ **end** [énd **エンド**]	名	終わり，最後	
□□ survive [sərváiv サ**ヴァ**イヴ]	動	生き残る ■過去形・過去分詞は survived	
□□ elementary [èləméntəri エレ**メ**ンタリ]	形	初歩的な，初級の；基本的な	
□□ elementary school [èləméntəri skùːl エレ**メ**ンタリ スクール]	名	小学校	
□□ **especially** [ispéʃəli イス**ペ**シャリ]	副	特に，とりわけ	
◇◇◇ **grow** [gróu **グロ**ウ]	動	(髪・ひげ・つめなどを)伸ばす；成長する，伸びる ■過去形は grew	
□□ *grow up*		成長する	
□□ runner [ránər **ラ**ナ]	名	走る人；(野球・競走などの)走者，ランナー	

At least 130,000 people died **by** the **end** of the year, but she **survived**.

少なくとも 13 万人の人々がその年の**終わりまでに**亡くなりましたが，彼女は**生き残りました**。

When Sadako was in **elementary school**, she **especially** liked her P.E. class and was good at sports.

小学校に通っていたとき，禎子は**特に**体育の授業が好きで，スポーツが得意でした。

She wanted to be a P.E. teacher when she **grew up**.

彼女は**大きくなった**ら体育の先生になりたいと思っていました。

Sadako was a fast **runner**.

禎子は速い**ランナー**でした。

select [səlékt　セレクト]	動	選ぶ，選択する ■過去形・過去分詞は selected ≒ choose 動 選ぶ，選択する
relay [rí:lei　リーレイ]	名	リレー競走

～～～～～～～～～～～～～～～～～～～～～～～～～～～

about [əbáut　アバウト]	前	…ごろに〔の〕；およそ…で〔の〕
at first		最初は
cold [kóuld　コウルド]	名	(病気の)かぜ
have a cold		かぜをひいている
sickness [síknəs　スィクネス]	名	病気
get worse		悪くなる
cancer [kǽnsər　キャンサ]	名	がん
cause [kɔ́:z　コーズ]	動	引き起こす，…の原因となる ■過去形・過去分詞は caused
doubt [dáut　ダウト]	動	…ではないだろうと思う ★〔doubt (that)...〕の形で用いて
receive [risí:v　リスィーヴ]	動	受け取る，もらう ■過去形・過去分詞は received
wish [wíʃ　ウィシュ]	動	(…を)願う，望む ■過去形・過去分詞は wished

In the sixth grade, she was selected as a member of the relay team for the school's sports day.
6年生のとき，彼女は学校の運動会の**リレー**チームのメンバーに**選ば**れました。

About a month after the sports day, Sadako suddenly became sick.
運動会の**約**1か月後，禎子は突然病気になりました。

At first she thought that she just had a cold.
最初はかぜをひいただけだと思いました。

However, her sickness got worse, so she went to the hospital with her family.
しかし，**病気**が**悪くなった**ので，彼女は家族とともに病院に行きました。

A doctor told her parents, "She has a kind of cancer caused by the bomb. I doubt she'll survive for more than one year."
「彼女は原爆が**引き起こすがん**の一種にかかっています。1年以上は生きら**れないだろうと思います**」と1人の医師が彼女の両親に告げました。

In the hospital, Sadako received some paper cranes.
病院で禎子は折り鶴を**受け取りました**。

Sadako began to fold paper cranes and wished for good health.
禎子は折り鶴を折り始め，健康回復を**願いました**。

Lesson 3 ▶ The Story of Sadako USE Read ~ USE Write

go back		帰っていく
◇ **life** ◇ [láif ライフ]	名	生命，命，寿命
◇ **end** ◇ [énd エンド]	動	終わる，終える ■過去形・過去分詞は ended

memorial [məmɔ́:riəl メモーリアル]	形 名	記念する〔物〕
Peace Memorial Park [pí:s məmɔ́:riəl pá:rk ピース メモー リアル パーク]	名	平和記念公園

USE Write　おすすめの本を紹介しよう

Kiki's Delivery Service [kíkiz dilívəri sə̀:rvəs キキズ ディリ ヴァリ サーヴィス]	名	魔女の宅急便 ★作品の名前
witch [wítʃ ウィチ]	名	女の魔法使い，魔女
journey [dʒə́:rni チャーニ]	名	旅行 ≒ trip 名 旅行
◇ **test** ◇ [tést テスト]	動	試す
herself [hə:rsélf ハーセルフ]	代	彼女自身を[に]；自分を[に]； 〔主語の意味を強めて〕彼女自身で；自分で

She wanted to go back to school.
禎子は学校に戻りたいと思っていました。

Her life ended when she was only twelve.
彼女の人生はわずか 12 歳のときに終わってしまったのです。

There is a famous statue standing in Hiroshima
Peace Memorial Park.
広島の平和記念公園に立っている有名な像があります。

教 pp.44~45

I recommend "Kiki's Delivery Service".
私は『魔女の宅急便』をおすすめします。

A young witch goes on a journey to test herself.
若い魔女が自分を試すために旅に出ます。

Take Action! Listen 3 ボイスメッセージ

| purse
[pə́:rs パース] | 名 | さいふ |
| discount
[dískaunt
ディスカウント] | 名 | 割引 |

Take Action! Talk 3 野球と言えば

speaking of ...		…と言えば
tonight [tənáit トゥ**ナイト**]	名 副	今夜 (は), 今晩 (は)
by the way		ところで

GET Plus 1 それを聞いてうれしいです

| tournament
[túərnəmənt
トゥアナメント] | 名 | 〔リーグ戦に対して〕勝ち抜き戦, トーナメント |
| to
[tú: **トゥー**] | 前 | …して (…だ), …するのに (は) …だ
★〔形容詞＋to do〕の形で用いて |

Word Bank 状態や気持ちを表すことば／いろいろな動作

sorry [sári **サ**リ]	形	気の毒で
shocked [ʃákt **シャ**クト]	形	ショックを受けた
score [skɔ́:r **ス**コー]	名	得点, 点数

- [ ] nope
  [nóup ノウプ]

副 いや，いいえ

Oh, speaking of baseball, I can't wait for the game tonight.
そうだ，野球**と言えば**，**今夜は**試合が待ちきれないね。

Hana's team won the soccer tournament.
花のチームがサッカーの**トーナメント**で勝ったよ。

Really? I'm glad to hear that.
本当に？　それを聞い**て**うれしい**よ**。

- [ ] injured
  [índʒərd
  インヂャド]
- [ ] *get injured*

形 負傷した

けがをする

CHECK IT OUT!

Lesson 3 GET Part 1　　　　　　　　　　📖 pp.35~37

(1)		ガラス，コップ
(2)	d	破壊する，こわす
(3)	a	原子(力)の
(4)	b	爆弾
(5)	d	丸屋根，ドーム
(6)	c	ソファー

① 月 日	／6点	② 月 日	／6点	③ 月 日	／6点

Lesson 3 GET Part 2　　　　　　　　　　📖 pp.38~39

(1)	d	損害〔被害〕を与える
(2)	d	陳列，展示
(3)	s	ぎょっとさせる，衝撃を与える
(4)	r	現実
(5)	S	スイス
(6)	＿＿＿＿＿ display	展示されて

① 月 日	／6点	② 月 日	／6点	③ 月 日	／6点

(1) _____ 終わり，最後

(2) _____ 特に，とりわけ

(3) _____ 引き起こす，…の原因となる

(4) _____ 受け取る，もらう

(5) f_____ 閃光，きらめき

(6) s_____ 生き残る

(7) e_____ 初歩的な，基本的な

(8) e_____ s_____ 小学校

(9) r_____ 走る人，ランナー

(10) s_____ 選ぶ，選択する

(11) r_____ リレー競走

(12) s_____ 病気

(13) c_____ がん

(14) m_____ 記念する〔物〕

(15) at _____ 少なくとも

(16) _____ up 成長する

(17) at _____ 最初は

(18) have a _____ かぜをひいている

(19) get _____ 悪くなる

(20) go _____ 帰っていく

① 月 日 ／20点	② 月 日 ／20点	③ 月 日 ／20点

CHECK IT OUT!

Lesson 3 USE Write
教 pp.44~45

(1) w _____ 女の魔法使い，魔女

(2) j _____ 旅行

(3) h _____ 彼女自身を [に]，彼女自身で

①	月	日	／3点	②	月	日	／3点	③	月	日	／3点

Take Action! Listen 3
教 p.46

(1) p _____ さいふ

(2) d _____ 割引

①	月	日	／2点	②	月	日	／2点	③	月	日	／2点

Take Action! Talk 3
教 p.47

(1) _____ 今夜 (は)

①	月	日	／1点	②	月	日	／1点	③	月	日	／1点

GET Plus 1
教 p.48

(1) t _____ 勝ち抜き戦，トーナメント

①	月	日	／1点	②	月	日	／1点	③	月	日	／1点

(1) s _____ ショックを受けた

(2) s _____ 得点，点数

(3) i _____ 負傷した

① 月 日	／3点	② 月 日	／3点	③ 月 日	／3点

単語ノート

select と choose select ㉞ p.40/ 本書 p.54 choose ㉞初出は 1 年

selectもchooseも「選ぶ，選択する」という意味の動詞ですが，select はややかたい語で，「熟考の上，慎重に複数の中から最適のものや人を選ぶ」ことを表します。日常会話ではchooseやpick out ...を使います。

Three students were selected from hundreds.
（数百人の中から3人の生徒が選ばれました。）
We chose Miyako for captain of the team.
（私たちはミヤコをチームのキャプテンに選びました。）
Tom picked out a book from the bookshelf.
（トムは本棚から1冊選びました。）

Lesson 4 ▶ The World's Manga and Anime GET Part 1

GET Part 1

☐☐ expo [ékspou **エクスポウ**]	名	博覧会
☐☐ Japan Expo [dʒəpǽn ékspou **ヂャパン エ**クスポウ]	名	ジャパン・エキスポ ★パリなどで開催されているアニメや漫画などの サブカルチャーを含めた日本文化の博覧会
☐☐ France [frǽns　**フランス**]	名	フランス ★首都パリ
◇◇◇ **that** [ðǽt　**ザト**]	代	(…する〔である〕)ところの ★前にある名詞を修飾する関係代名詞の用法
☐☐ introduce [ìntrədjú:s イントロ**デュース**]	動	紹介する；初めて伝える ■3単現はintroduces
☐☐ *introduce ...* *to ~*		~に…を紹介する
◇◇◇ **were** [wə́:r　**ワー**]	動	(…に)いた；(…に)あった
◇◇◇ **talk** [tɔ́:k　**トーク**]	名	話；(時に放送などの)短い講演 ■複数形はtalks
☐☐ director [dəréktər ディ**レ**クタ]	名	(映画)監督 ■複数形はdirectors
☐☐ *lots of ...*		たくさんの…
☐ costume [kástju:m **カ**スチューム]	名	(ある時代・民族などに特有の)服装；衣装 ■複数形はcostumes
◇◇◇ **which** [hwítʃ　(ホ)**ウィチ**]	代	(Bが)…する(ところの)A ★前にある「人以外のものを表す名詞A」を修飾す る関係代名詞。〔A which (B) ...〕の形で用いる

This summer I went to the Japan Expo in France.
今年の夏，私は**フランスのジャパン・エキスポ**に行きました。

✪ It is a big annual event that introduces Japanese popular culture to the world.
それは，世界**に**日本の人気のある文化**を紹介する**年に一度の大きなイベントです。

There were many performances by Japanese musicians.
日本の音楽家によるたくさんの演奏が**ありました**。

I heard talks by manga artists and anime directors.
私は，漫画家やアニメの**監督**による**講演**を聞きました。

Lots of people wore costumes of their favorite characters.
たくさんの人々が好きなキャラクターの**衣装**を着ていました。

✪ I have a book which has beautiful pictures.
私は美しい写真の載っている本を持っています。

☐☐ **used** [júːzd **ユーズド**]	形	中古の
☐☐ fairy [féəri **フェアリ**]	名 形	妖精 (のような) ★fairy tale でおとぎ話
☐☐ recipe [résəpi **レスィピ**]	名	(料理などの)作り方, レシピ ■複数形は recipes

GET Part 2

☐☐ Captain Tsubasa [kǽptən tsubásɑ **キャ**プテン ツ**バ**サ]	名	キャプテン翼 ★漫画の名前
☐☐ talented [tǽləntəd **タ**レンテド]	形	才能のある, 有能な
◇◇◇ **who** [húː **フー**]	代	…する(ところの)A ★前にある「人を表す語(名詞)A」を修飾する関係 代名詞。〔A who ...〕の形で用いる
☐☐ everywhere [évrihwèər **エ**ヴリ(ホ)ウェア]	副	どこでも
☐☐ advice [ədváis アド**ヴァ**イス]	名	忠告, 助言, アドバイス

drawing
[drɔ́:iŋ
ドローイング]

图 (鉛筆・ペン・クレヨンなどでかいた)絵, 線画, デッサン

■複数形は drawings

pp.54~55

Is that from the anime *Captain Tsubasa*?
それはアニメ『**キャプテン翼**』のものだよね。

✪It's about a talented soccer player who can do amazing tricks.
びっくりするようなトリックができる**才能のある**サッカー選手の話だよね。

It's famous everywhere.
それは**どこでも**有名だね。

USE Read Manga, Anime, and the World

familiar [fəmíljər ファミリャ]	形	よく知っている，なじみのある
be familiar to ...		…によく知られている
success [səksés サク**セ**ス]	名	成功
adjustment [ədʒʌ́stmənt ア**ヂャ**ストメント]	名	調節，調整 ■複数形は adjustments
viewer [vjúːər **ヴュー**ア]	名	見る人；(テレビの)視聴者 ■複数形は viewers
involve [inválv イン**ヴァ**ルヴ]	動	含む
content [kántent **カ**ンテント]	名	内容
originally [ərídʒənəli オ**リ**ヂナリ]	副	もとは，もともと

○ Some characters are familiar to people who do not
○
○ usually read manga or watch anime.
キャラクターの中には，ふだん漫画を読んだり，アニメを見たりしない人た
ちにもよく知られているものもあります。

○ One of the reasons for this success is the
○
○ adjustments that were made for viewers overseas.
このような成功の理由の１つが，海外の視聴者のためになされた調整です。

○ Three of them involve titles, characters, and
○
○ content.
そのうちの３つがタイトル，登場人物，そして内容に関連します。

○ Manga and anime titles are, of course, originally in
○
○ Japanese.
漫画やアニメのタイトルは，もちろん，もとは日本語です。

☐ JoJo's Bizarre ☐ Adventure [dʒóudʒouz bizáːr ədvéntʃər **ジョ**ウジョウズ ビ**ザー** アド**ヴェ**ンチャ]	名	ジョジョの奇妙な冒険 ★漫画の名前
☐ translate ☐ [trǽnslèit ト**ラ**ンスレイト]	動	翻訳する，訳す ■過去形・過去分詞は translated
☐ *translate ...* ☐ *into ~*		…を～に翻訳する
☐ literally ☐ [lítərəli **リ**タラリ]	副	文字通りに
◇ **work** ◇ [wáːrk **ワー**ク]	動	(機械などが)調子よく動く； (計画などが)うまくいく
☐ Knights of the ☐ Zodiac [náits əv ðə zóudiæk **ナ**イツ オヴ ザ **ゾ**ウディアク]	名	聖闘士星矢 ★漫画の名前。英語のタイトルの意味は「星座の 　騎士」 ❶knightの語頭のkは発音しない。nightと同 　音
☐ relate ☐ [riléit リ**レ**イト]	動	関係がある ■3単現は relates
☐ **whole** ☐ [hóul **ホ**ウル]	形	全部の，全体の ❶hole と同じ発音
☐ attractive ☐ [ətrǽktiv アト**ラ**クティヴ]	形	魅力的な；人を引きつける

Some, like *JoJo's Bizarre Adventure*, are translated literally into English.
『ジョジョの奇妙な冒険』のように，**文字通り**英語に**翻訳**されているものもあります。

However, this does not work with all titles.
しかしながら，これはすべてのタイトルで**うまくいく**わけではありません。

For example, *Knights of the Zodiac* is originally *Seinto Seiya* in Japanese.
たとえば，"Knights of the Zodiac（**星座の騎士**）" は，日本語ではもともと『**聖闘士星矢**』です。

It describes just the main character, but in English, the title was changed to something that relates to the whole story.
これは単に主人公を言い表しているだけですが，英語では，そのタイトルは**全体**の物語に**関連する**ものに変更されました。

This made it more attractive to viewers in foreign countries.
これにより，それは外国の視聴者にとってより**魅力的な**ものとなりました。

mainly [méinli メインリ]	副	主として，おもに
unfamiliar [ʌnfəmíljər アンファミリャ]	形	なじみのない，よく知らない
with [wíð ウィズ]	前	…なので，…であることを考えると ★付帯状況を表す
on [án アン]	前	…に対して〔対する〕 ★影響を表す
Pokémon [póukimɑːn ポウキマーン]	名	ポケットモンスター ★作品の名前
Ash [ǽʃ アシュ]	名	アッシュ ★キャラクターの名前
letter [létər レタ]	名	文字 ■複数形は letters
adjust [ədʒʌ́st アヂャスト]	動	調節する，調整する ■過去形・過去分詞は adjusted
non-Japanese [nàn dʒæpəníːz ナン ヂャパニーズ]	形	日本人ではない
can [kǽn キャン]	助	…でありうる，よく…である ★可能性を表す
western [wéstərn ウェスタン]	形	西の；〔Western で〕西洋(風)の
explanation [èksplənéiʃən エクスプラネイション]	名	説明 ■複数形は explanations

Characters' names are often changed in manga and anime that are **mainly** for children.
登場人物の名前は，**主に**子ども向けの漫画やアニメでよく変更されます。

It is hard for children to remember **unfamiliar** names.
子どもたちにとって，**なじみのない**名前を覚えるのは大変なことです。

With familiar names, children can focus **on** the story.
なじみのある名前**であれば**，子どもたちは物語**に**集中できます。

For example, the character Satoshi in *Pokémon* becomes **Ash** in English.
たとえば，『**ポケットモンスター**』の登場人物であるサトシは，英語では**アッシュ**になります。

The name Ash uses three **letters** from S-a-t-o-s-h-i.
アッシュという名前は，S-a-t-o-s-h-iから3**文字**を使っています。

Japanese customs are sometimes **adjusted** for **non-Japanese** viewers.
日本の習慣も，時には**日本人ではない**視聴者のために**調整さ**れます。

The adjustments **can** be small or large.
この調整は小さくも大きくもなり**えます**。

In **Western** versions, they eat cookies.
西洋版では，彼らはクッキーを食べます。

Instead they add short **explanations**.
その代わり，短い**説明**を加えます。

| □ reader
□ [ríːdər リーダ] | 名 | 読者
■複数形は readers |
| □ behavior
□ [bihéivjər
ビヘイヴァ] | 名 | ふるまい, 行儀 |

◇ change ◇ [tʃéindʒ チェインヂ]	名	変化；変更
□ setting □ [sétiŋ セティング]	名	(小説・劇などの)設定
◇ train ◇ [tréin トレイン]	動	練習する ■3単現は trains
□ professional □ [prəféʃənəl プロフェショナル]	形	プロの
□ perhaps □ [pərhǽps パハプス]	副	たぶん, おそらく
□ adapt □ [ədǽpt アダプト]	動	〔…向きに〕変える ■過去形・過去分詞は adapted
□ fit □ [fít フィト]	動	合わせる, 適合させる
□ each □ [íːtʃ イーチ]	形	それぞれの, 各…
◇ original ◇ [ərídʒənəl オリヂナル]	名	原物, 原型
□ probably □ [prάbəbli プラバブリ]	副	おそらく, たぶん ★ほぼ70－80％の確率を表す

This way, foreign readers can understand Japanese customs and behavior.
このようにして，外国の読者は日本の習慣やふるまいを理解することができるのです。

A large adjustment might be a change in the setting.
大きな調整は，設定の変更になる場合があります。

In it, the main character Hyuma trains very hard and becomes a professional baseball player.
その中で，主人公の飛雄馬はいっしょうけんめい練習し，プロ野球選手になります。

In short, perhaps anime became more popular because of these adjustments.
要約すると，おそらくこのような調整のおかげで，アニメはより人気になったのでしょう。

The language and customs were adapted a little to fit each culture.
言語や習慣がそれぞれの文化に合うように少し調整されたのです。

The original is probably different.
原作はおそらく違っています。

USE Write　ボランティアの自己PRカードを書こう

◇◇◇ volunteer [vὰləntíər ヴァランティア]	動	ボランティアをする
frequently [frí:kwəntli フリークウェントリ]	副	しばしば，頻繁に
therefore [ðéərfɔ̀:r ゼアフォー]	副	それゆえ
◇◇◇ **shop** [ʃάp シャプ]	動	買い物をする

Take Action! Listen 4　ラジオニュース

discovery [diskʌ́vəri ディスカヴァリ]	名	発見
university [jù:nəvə́:rsəti ユーニヴァースィティ]	名	大学

I would like to **volunteer** at the train station.
私は鉄道の駅で**ボランティアをし**たいです。

I **frequently** go there, so I know the station and the area around it well.
私は**よく**そこに行くので，駅やその周辺をよく知っています。

Therefore, I can recommend places to **shop** and eat.
そういうわけで，私は**買い物をし**たり，食べたりする場所をおすすめすることができます。

conclusion [kənklúːʒən コンクルージョン]	名	結論
species [spíːʃiːz スピーシーズ]	名	(生物学上の)種(しゅ)

READING FOR FUN 1 ▶ Take Action! Talk 4 ~ Zorba's Promise

Take Action! Talk 4　道順を教えていただけますか

☐ **line** ☐ [láin **ライン**]	名	線；路線
◇ **off** ◇ [ɔ́ːf **オーフ**]	副	離れて；(乗り物から)降りて；(物を)離して ★動き・場所を表す
☐ *get off* ☐ ☐		降りる
◇ **get** ◇ [gét **ゲト**]	動	理解する ■過去形・過去分詞はgot
☐ *I got it.* ☐ ☐		わかった。
☐ Port Liner ☐ [pɔ́ːrt láinər **ポート ライナ**]	名	ポートライナー ★神戸市内を走る新交通システム
☐ *Have a nice* ☐ *trip!*		どうぞよいご旅行を。

READING FOR FUN 1　Zorba's Promise

☐ Zorba ☐ [zɔ́ːbə **ゾーバ**]	名	ゾルバ ★ネコの名前
☐ balcony ☐ [bǽlkəni **バルコニ**]	名	バルコニー
☐ port ☐ [pɔ́ːrt **ポート**]	名	港，港町
☐ gull ☐ [gʌ́l **ガル**]	名	カモメ
☐ land ☐ [lǽnd **ランド**]	動	着陸する；着陸させる ■過去形・過去分詞はlanded
◇ **near** ◇ [níər **ニア**]	前	…の近くに，…の近くの

Then change to the Hankyu Line.
そこで阪急線に乗り換えます。

Get off at Oji Koen Station.
そして王子公園駅で降りてください。

I got it.
わかりました。

The Port Liner and then the Hankyu Line, right?
ポートライナーに乗って，それから阪急線ですね？

Have a nice trip!
よい旅を！

Zorba's Promise
「ゾルバの約束」

Zorba was relaxing on a balcony near the port.
ゾルバは港の近くのバルコニーでくつろいでいました。

Suddenly, a gull landed near him.
突然，1羽のカモメが彼の近くに降り立ちました。

◇◇◇ **am** [ǽm **アム**]	助	…される ★〔am＋過去分詞〕の形で受け身を表す	
cover [kʌ́vər **カヴァ**]	動	おおう ■過去形・過去分詞はcovered	
oil [ɔ́il **オイル**]	名	油；石油	
dead [déd **デド**]	形	死んでいる，死んだ	
lay [léi **レイ**]	動	置く；(卵を)産む ■過去形・過去分詞はlaid	
laid [léid **レイド**]	動	lay(産む)の過去形・過去分詞	
care [kéər **ケア**]	名	世話，保護	
take care of ...		…の世話をする	
◇◇ **child** [tʃáild **チャイルド**]	名	(親に対して)子ども	
body [bádi **バディ**]	名	体，肉体	

I'm **covered** with **oil**.
私，**油まみれなんです。**

I'll soon be **dead**.
もうすぐ**死んで**しまいます。

I've just **laid** an egg.
今ちょうど卵を**産みました。**

Please promise to **take care of** it, feed my **child**,
and teach it how to fly.
どうか，それ**の世話をして，**私の**子ども**に食べ物を与え，飛び方を教えると
約束してください。

Under her **body**, Zorba found the egg.
ゾルバは彼女の**体**の下に卵を見つけました。

81

READING FOR FUN 1   Zorba's Promise

◇ **keep** ◇ ◇ [kíːp **キープ**]	動	(ある状態・動作を)保つ，続ける； …にしておく ■過去形・過去分詞は kept
eye [ái **アイ**]	名	目 ■複数形は eyes
head [héd **ヘド**]	名	頭
◇ **in** ◇ ◇ [ín **イン**]	前	…(のほう)に ★方向を表す
direction [dərékʃən ディレクション]	名	方角，方向
mom [mám **マム**]	名	ママ，お母さん ★母親に呼びかけるときに使う。子どもだけでな く，大人も使うことがある。ふつう冠詞をつけ ない
dirty [dáːrti **ダーティ**]	形	きたない；汚れた ⇔clean 形 きれいな，清潔な
fat [fǽt **ファト**]	形	太った
rat [rǽt **ラト**]	名	ネズミ ■複数形は rats
mean [míːn **ミーン**]	形	いじわるな，残忍な
attack [ətǽk **アタク**]	動	攻撃する，おそう ■過去形・過去分詞は attacked

Every night Zorba **kept** the egg warm.
毎晩，ゾルバは卵を温め**続けました**。

One morning Zorba opened his **eyes**.
ある朝，ゾルバは**目**を開けました。

A small white **head** was looking **in** his **direction**.
1つの小さな白い**頭**が彼**の方**を見ていました。

Mom.
ママ。

When **dirty**, **fat rats** and **mean** cats **attacked**
Lucky, Zorba protected her.
汚い，**太ったネズミ**や**意地悪な**ネコがラッキーを**おそってきた**とき，ゾルバ
は彼女を守りました。

READING FOR FUN 1 Zorba's Promise

◇ each ◇ [íːtʃ **イーチ**]	代	それぞれ
□ even □ [íːvən **イーヴン**]	副	…でさえ，…でも
□ even □ though ...		たとえ…でも
□ correct □ [kərékt **コレクト**]	形	正しい，正確な
◇ thing ◇ [θíŋ **スィング**]	名	行動，ふるまい ■複数形は things

□ flying □ [fláiiŋ **フライイング**]	形 名	飛ぶ(こと)
◇ try ◇ [trái **トライ**]	動	努力する； 〔try to do の形で〕…しようと努める ■過去形・過去分詞は tried
□ fail □ [féil **フェイル**]	動	失敗する，しくじる ■過去形・過去分詞は failed
□ wing □ [wíŋ **ウィング**]	名	(鳥・飛行機の)翼 ■複数形は wings
□ pull □ [púl **プル**]	動	引く ■過去形・過去分詞は pulled
□ pull away		身を引き離す
◇ from ◇ [frʌm **フラム**]	前	…から ★分離を表す
□ edge □ [édʒ **エヂ**]	名	へり，端

Each is different. **Each** is good.
それぞれは違う。**それぞれ**がすばらしいんだ。

I love and respect you **even though** we're different.
おまえと私は違って**いても**，私はおまえを愛し，おまえのことを尊重するよ。

That's **correct**.
その**通り**だ。

Cats do cat **things**. Gulls do gull **things**.
ネコはネコの**やるべきこと**がある。カモメはカモメの**やるべきこと**がある。

Lucky's **flying** lessons started.
ラッキーの**飛行**訓練が始まりました。

She **tried** to fly many times, but she always **failed**.
彼女は何度も飛ぼう**としましたが**，いつも**失敗しました**。

Open your **wings** and fly.
翼を広げて飛んでごらん。

"I can't," she cried and **pulled away from** the **edge**.
「できないよ」と彼女は叫び，**へりから身を引きました**。

position [pəzíʃən ポズィション]	名	位置，姿勢
step [stép ステプ]	動	(一歩 [少し]）進む ■過去形・過去分詞は stepped
step into ...		…に足を踏み出す
air [éər エア]	名	空中；空；〔形容詞的に〕飛行機の
moment [móumənt モウメント]	名	ちょっとの時間，瞬間 ■複数形は moments
gain [géin ゲイン]	動	得る ■過去形・過去分詞は gained
control [kəntróul コントロウル]	名	統制(力)；制御
wind [wínd ウィンド]	名	風
wide [wáid ワイド]	形	幅の広い；広い
sky [skái スカイ]	名	空

Lucky got back into **position** and **stepped into** the **air**.
ラッキーは**姿勢**を戻し，**空中へ踏み出し**ました。

Moments later she **gained control**.
少しして，**体を制御できる**ようになりました。

Her wings caught the **wind**, and she started to fly.
翼が**風**をとらえ，彼女は飛び始めました。

"Yes. You can," Zorba said to the **wide**, empty **sky**.
「そう，おまえならできる」ゾルバは，**広く**，だれもいない**空**に向かって言いました。

CHECK IT OUT!

Lesson 4　GET Part 1　　　　　　　　　　　　📖 pp.51~53

(1)		中古の
(2)	i	紹介する，初めて伝える
(3)	d	(映画)監督
(4)	c	服装，衣装
(5)	f	妖精(のような)
(6)	r	作り方，レシピ
(7)	d	絵，線画，デッサン
(8)	introduce ... ＿＿＿＿＿ ～	～に…を紹介する
(9)	＿＿＿＿＿ of ...	たくさんの…

① 月 日	／9点	② 月 日	／9点	③ 月 日	／9点

Lesson 4　GET Part 2　　　　　　　　　　　　📖 pp.54~55

(1)	t	才能のある，有能な
(2)	e	どこでも
(3)	a	助言，アドバイス

① 月 日	／3点	② 月 日	／3点	③ 月 日	／3点

Lesson 4　USE Read　　　　　　　　　　　　📖 pp.56~59

(1)	成功
(2)	全部の，全体の
(3)	たぶん，おそらく
(4)	合わせる，適合させる
(5)	それぞれの，各…
(6)	おそらく，たぶん

(7)	f	よく知っている，なじみのある
(8)	a	調節，調整
(9)	v	見る人，（テレビの）視聴者
(10)	i	含む
(11)	c	内容
(12)	o	もとは，もともと
(13)	t	翻訳する，訳す
(14)	l	文字通りに
(15)	r	関係がある
(16)	a	魅力的な，人を引きつける
(17)	m	主として，おもに
(18)	u	なじみのない，よく知らない
(19)	a	調節する，調整する
(20)	w	西の
(21)	e	説明
(22)	r	読者
(23)	b	ふるまい，行儀
(24)	s	（小説・劇などの）設定
(25)	p	プロの
(26)	a	〔…向きに〕変える

①	月	日	／26点	②	月	日	／26点	③	月	日	／26点

CHECK IT OUT!

Lesson 4　USE Write
教 pp.60~61

(1)　f _____　しばしば，頻繁に

(2)　t _____　それゆえ

① 月 日	／2点	② 月 日	／2点	③ 月 日	／2点

Take Action!　Listen 4
教 p.62

(1)　d _____　発見

(2)　u _____　大学

(3)　c _____　結論

① 月 日	／3点	② 月 日	／3点	③ 月 日	／3点

Take Action!　Talk 4
教 p.63

(1)　_____　線，路線

(2)　I _____ it.　わかった

① 月 日	／2点	② 月 日	／2点	③ 月 日	／2点

READING FOR FUN 1

教 p.64

(1)	_____	着陸する，着陸させる
(2)	_____	おおう
(3)	_____	死んでいる，死んだ
(4)	_____	世話，保護
(5)	_____	体，肉体
(6)	b_____	バルコニー
(7)	p_____	港，港町
(8)	o_____	油，石油
(9)	l_____	「産む」の過去形・過去分詞
(10)	l_____	置く，（卵を）産む
(11)	take _____ of ...	…の世話をする

① 月 日	／11点	② 月 日	／11点	③ 月 日	／11点

READING FOR FUN 1

教 p.65

(1)	_____	方角，方向
(2)	_____	ママ，お母さん
(3)	_____	太った
(4)	d_____	きたない，汚れた
(5)	r_____	ネズミ
(6)	m_____	いじわるな，残忍な
(7)	a_____	攻撃する，おそう

① 月 日	／7点	② 月 日	／7点	③ 月 日	／7点

CHECK IT OUT!

READING FOR FUN 1

教 p.66

(1)	_____	…でさえ
(2)	_____	正しい，正確な
(3)	even _____ ...	たとえ…でも

① 月　日	／3点	② 月　日	／3点	③ 月　日	／3点

READING FOR FUN 1

教 p.67

(1)	_____	引く
(2)	_____	位置，姿勢
(3)	_____	ちょっとの時間，瞬間
(4)	_____	統制(力)，制御
(5)	_____	幅の広い，広い
(6)	f _____	飛ぶ(こと)
(7)	f _____	失敗する，しくじる
(8)	w _____	(鳥・飛行機の)翼
(9)	e _____	へり，端
(10)	g _____	得る
(11)	w _____	風
(12)	_____ away	身を引き離す
(13)	_____ into ...	…に足を踏み出す

① 月　日	／13点	② 月　日	／13点	③ 月　日	／13点

コラム

■ 派生語 I

英語では，語の意味の中心となる部分(語根(ごこん)という)に接頭辞(語の前に加える文字)や接尾辞(語のうしろに加える文字)をつけることで意味を変化させたり，品詞を変えたりすることができます。これによってできたものを派生語と言います。たとえば，communicateという語は，語根common(共有の)に接尾辞-ate(する)から成る,「(意思などを)伝達する」という意味の動詞です。これに名詞を作る接尾辞-ionがつきcommunicationになると「意思の疎通」という意味になります。未知の語に出会ったときにこの知識を生かせば，接頭辞や接尾辞から意味を類推することができるので大変便利です。以下では，品詞を表す接尾辞を中心にいくつか取り上げます。

① **-(e)r, -or**：動詞や名詞につけて「〜する人(もの)，〜に住む人」などの意味を表す名詞を作る

actor(俳優)　cleaner(そうじ機)　dancer(ダンサー)
director(監督)　driver(運転手)　explorer(探検家)
farmer(農場主)　grader(…年生)　interpreter(通訳者)
inventor(発明家)　leader(リーダー)　listener(聞き手)
officer(警察官)　performer(上演者)　player(運動選手)
researcher(研究者)　runner(ランナー)　sensor(センサー)
singer(歌手)　speaker(話す人)　survivor(生き残った人)
teacher(教師)　villager(村の人)　viewer(視聴者)

② **-ly**：形容詞につけて「様態・時間・程度」などを表す副詞を作る

actually(実際には)　beautifully(美しく)　carefully(注意深く)
clearly(はっきりと)　commonly(一般に)　deeply(深く)
easily(わけなく)　especially(特に)　finally(最後に)
freely(自由に)　loudly(大声で)　mostly(主として)
nearly(ほとんど)　originally(もとは)　quickly(すばやく)
really(本当に)　sadly(悲しいことに)　simply(簡単に)
slowly(ゆっくり)　smoothly(なめらかに)　suddenly(急に)

GET Part 1

☐☐ Washington, D.C.
[wáʃiŋtən dí: sí:
ワシントン **ディー
スィー**]

名 ワシントンD.C.
★米国の首都。どの州にも属さない特別区(the District of Columbia) で, Washington, D.C.とし, ワシントン州と区別する

☐☐ African-American
[ǽfrikən əmérəkən
アフリカン ア**メ**リカン]

名 アフリカ系アメリカ人(の)
形

☐☐ fascinating
[fǽsənèitiŋ
ファスィネイティング]

形 魅力的な

☐☐ martial
[má:rʃəl
マーシャル]

形 勇ましい, 好戦的な

☐☐ martial arts
[má:rʃəl á:rts
マーシャル **ア**ーツ]

名 武道, 武術

GET Part 2

◇◇ **most**
[móust **モ**ウスト]

形 たいていの, 大部分の

☐☐ Rosa Parks
[róuzə pá:rks
ロウザ **パ**ークス]

名 ローザ・パークス
★人の名前

☐☐ **public**
[pʌ́blik **パ**ブリク]

形 公の, 公共の

Is there somewhere interesting in Washington, D.C.?
ワシントン D.C. にどこか興味深い場所はある？

It tells lots of great stories about African-American life, history, and culture.
アフリカ系アメリカ人の生活や歴史，文化について多くの重要なことを伝えているんだ。

Sounds fascinating.
それは魅力的だね。

repair
[ripéər　リペア]
動　修理する，修繕する

✪This is a story most Americans know.
これはたいていのアメリカ人が知っている話です。

One day Rosa Parks, a black woman, was on a public bus.
ある日，黒人女性のローザ・パークスさんが，公共のバスに乗っていました。

Whites Only [hwáits óunli (ホ)**ワ**イツ **オ**ウンリ]		白人専用
section [sékʃən **セ**クション]	名	(切って分けられた)部分，区域
fill [fíl **フ**ィル]	動	いっぱいになる；いっぱいにする ■過去形・過去分詞は filled
fill up		いっぱいに満ちる
or [ɔ́ːr **オ**ー]	接	(命令文などのあとで)さもないと
call [kɔ́ːl **コ**ール]	動	(大声で)呼ぶ；(来るように)呼ぶ
refuse [rifjúːz リ**フュ**ーズ]	動	断る，拒絶する ■過去形・過去分詞は refused
arrest [ərést **ア**レスト]	動	逮捕する ■過去形・過去分詞は arrested

you've [júːv **ユ**ーヴ]		you have の短縮形
ever [évər **エ**ヴァ]	副	今までに(…したうちで) ★比較のことばとともに用いて
creativity [krìːeitívəti クリー エイ**ティ**ヴィティ]	名	創造性；独創性
honesty [ánəsti **ア**ネスティ]	名	正直，誠実さ
effort [éfərt **エ**フォト]	名	努力

She was sitting near the 'Whites Only' section.
彼女は「白人専用」の区域の近くに座っていました。

Soon that section filled up.
すぐにその区域はいっぱいになってしまいました。

The driver said, "Give up your seat, or I'll call the police."
運転手が，「席をあけなさい，さもないと警察を呼ぶぞ」と言いました。

She refused.
彼女は拒否しました。

The police came and arrested her.
警察がやって来て，彼女を逮捕しました。

What's the best book you've ever read?
あなたが今までに読んだ最もよい本は何ですか。

◇ **under** ◇ ◇ [ʌ́ndər **アンダ**]	前	…のもとで ★支配・保護・影響を受けていることを表す
under the law		法の下で
restroom [réstrù:m **レストルーム**]	名	(デパート・劇場などの)洗面所，トイレ ★主に米で用いられる ■複数形は restrooms
drinking [drínkiŋ **ドリンキング**]	名 形	飲用(の)
fountain [fáuntən **ファウンテン**]	名	噴水 ■複数形は fountains
drinking fountain [drínkiŋ fàuntən **ドリンキング ファウンテン**]	名	噴水式の水飲み器 ■複数形は drinking fountains
unfair [ʌ̀nféər **アンフェア**]	形	不公平な，不正な
◇ upset ◇ [ʌ̀psét **アプセト**]	動	気を動転させる，うろたえさせる ■過去形・過去分詞は upset
Martin Luther King, Jr. [má:rtn lú:θər kíŋ dʒú:niər **マーティン ルーサ キング チューニャ**]	名	マーチン・ルーサー・キング・ジュニア ★アメリカ公民権運動の指導者(1929-1968)

○○○ In 1955, there used to be many things black people in the United States could not do **under the law**.
1955 年，アメリカ合衆国の黒人たちが，**法律のもとで**できないことがたくさんありました。

○○○ There were **restrooms** they could not use.
彼らが使うことができない**トイレ**がありました。

○○○ There were **drinking fountains** they could not use.
彼らが使うことができない**水飲み場**がありました。

○○○ These **unfair** laws **upset** many people.
このような**不公平な**法律が多くの人を**不快にさせました**。

○○○ One of them was **Martin Luther King, Jr.**
その１人が**マーチン・ルーサー・キング・ジュニア**でした。

◇ arrest	名	逮捕
[ərést アレスト]		
Montgomery	名	モントゴメリー
[mɑntgʌ́məri マントガマリ]		★米国アラバマ州の州都
Alabama	名	アラバマ
[æ̀ləbǽmə アラバマ]		★米国南東部の州
stand	動	耐える，がまんする
[stǽnd スタンド]		
movement	名	(社会的・宗教的)運動
[mú:vmənt ムーヴメント]		
◇ right	名	(正当な)権利
[ráit ライト]		
◇ take	動	(人が席・地位などに)つく
[téik テイク]		
◇ shall	助	必ず…するつもりだ
[ʃæl シャル]		★〔I 〔We〕 shall ....〕の形で用いる

◇ fight	名	たたかい；奮闘
[fáit ファイト]		
justice	名	正義，正しさ，公平
[dʒʌ́stəs チャスティス]		
car	名	車，乗用車
[ká:r カー]		■複数形は cars

He heard about the **arrest** of Rosa Parks in **Montgomery**, **Alabama**.
彼は，**アラバマ州モントゴメリー**でのローザ・パークスさんの**逮捕**のことを聞きました。

He said, "We cannot **stand** it anymore."
そして彼は言ったのです。「もうこれ以上**がまん**できない。」

Let's start a **movement**.
運動を始めよう。

Everyone has a **right** to **take** any seat on any bus.
だれもがどのバスのどの座席にも**すわる権利**がある。

We **shall** never give up.
我々は決してあきらめることはない。

Dr. King led the people of Montgomery in a **fight** for **justice**.
キング牧師は**正義**のための**たたかい**においてモントゴメリーの人々を先導しました。

Some walked to work and school. Others shared **cars**.
仕事や学校へ歩いていく人もいました。**車**に相乗りする人もいました。

☐☐ boycott [bɔ́ikàt **ボイカト**]	名	ボイコット
☐☐ last [lǽst **ラスト**]	動	続く ■過去形・過去分詞は lasted
◇◇◇ free [frí: **フリー**]	形	自由な
☐☐☐ be free to ...		自由に…することができる
☐☐ anywhere [énihwèər **エニ**(ホ)**ウェア**]	副	どこに〔へ〕でも ★肯定文で用いる
☐☐ achievement [ətʃí:vmənt ア**チー**ヴメント]	名	やり遂げたこと, 業績, 達成
☐☐ inspire [inspáiər イン**スパイア**]	動	奮い立たせる ; …する気にさせる ■過去形・過去分詞は inspired
☐☐ Lincoln Memorial [lìŋkən məmɔ́:riəl リンカン メ**モ**ーリアル]	名	リンカーン記念館 ★ the をつけて用いる
☐☐ quote [kwóut ク**ウォ**ウト]	名	引用

Many people supported the Bus Boycott, even some white people.
多くの人々が，一部の白人でさえ，この「バスボイコット運動」を支持しました。

Their fight lasted for more than a year.
彼らのたたかいは1年以上も続きました。

They finally won, and black people were free to sit anywhere on the bus.
そしてついに彼らは勝利し，黒人たちはバスのどこにでも自由にすわることができるようになりました。

This achievement inspired courage in many people.
これを成し遂げたことは，多くの人々に勇気を奮い立たせることとなりました。

Dr. King made a great speech from the steps of the Lincoln Memorial.
キング牧師はリンカーン記念館の階段ですばらしいスピーチを行いました。

Here is a famous quote from his speech.
これが彼のスピーチの有名な引用です。

◇◇	**that** [ðǽt **ザ**ト]	接	…という ★that 以下はその前の名詞の内容を述べていて，その名詞と that 以下は同格の関係にある
□□	nation [néiʃən **ネイ**ション]	名	国家
◇◇	**where** [hwéər (ホ)**ウェ**ア]	副	～する… ★〔名詞＋where＋文〕の形で名詞(場所を表す語)を修飾する
□□	*not ... but ~*		…ではなくて～
◇◇	**be** [bíː **ビー**]	助	…される ★〔be＋過去分詞〕の形で受け身を表す
□□	judge [dʒʌ́dʒ **チャ**ヂ]	動	(物のよしあしを)判断する ■過去形・過去分詞は judged
◇◇	**by** [bái **バ**イ]	前	…に従って，…によって ★基準を表す
□□	skin [skín **ス**キン]	名	皮膚，肌
◇◇	**character** [kǽrəktər **キャ**ラクタ]	名	(人の)性格
□□	able [éibl **エ**イブル]	形	…することができる ★〔be able to ...〕の形で用いて
□□	*be able to ...*		…することができる
◇◇	**join** [dʒɔ́in **ヂョ**イン]	動	つなぐ；つながる
□□	*join hands with ...*		…と手を取り合う

I have a dream **that** my four little children will one day live in a **nation where** they will **not be judged by** the color of their **skin but by** the content of their **character**.

私には，私の４人の子どもたちが，いつの日か**肌**の色**ではなく**，**人物**の中**身によって判断されるような国**で暮らす**という**夢がある。

I have a dream that one day . . . little black boys and black girls will **be able to join hands with** little white boys and white girls as sisters and brothers.

私には，いつの日か…幼い黒人の少年少女が，幼い白人の少年少女と，姉妹そして兄弟として**手を取り合うことができる**ようになるという夢がある。

□□ ... *year(s)* *later*		…年後
□ kill □ [kíl **キル**]	動	殺す ■過去形・過去分詞は killed
□ death □ [déθ **デス**]	名	死；死亡
◇ live ◇ [lív **リヴ**] ◇	動	生きる，生きている； 思い出などが生き生きとしている ■3 単現は lives
□ *live on* □		(ことばなどが)生き続ける

USE Write 招待状を書こう

◇ original ◇ [ərídʒənəl ◇ **オリ**ヂナル]	形	独創的な
◇ play ◇ [pléi **プレイ**]	名	芝居
□ base □ [béis **ベイス**]	動	基礎 [根拠] を置く ■過去形・過去分詞は based
□ *be based on ...* □		…をもとにしている
□ Alice's □ Adventures in Wonderland [ǽlisəz ədvéntʃərz in wándərlænd **ア**リ スィズ アド**ヴェ**ンチャ ズ イン **ワ**ンダランド]	名	不思議の国のアリス ★作品の名前

Four **years later**, he was shot and **killed**.
4**年後**，彼は撃たれて**殺さ**れました。

The fight for justice continues even after his **death**.
彼の**死**後でさえも，正義のためのたたかいは続きます。

His dream **lives on**.
彼の夢は**生き続けています**。

📖 p.78

We are going to do an **original** English drama.
私たちは**オリジナルの**英語劇をやろうとしています。

It is a **play** that you have never seen.
これまであなたが見たこともないような**劇**です。

It **is based on** *Alice's Adventures in Wonderland*.
それは**『不思議の国のアリス』**をもとにしています。

USE Speak 街頭インタビューにこたえよう

teenager [tíːnèidʒər ティーネイチャ]	名	10代の少年・少女 ■複数形は teenagers

Take Action! Listen 5 落とし物の問い合わせ

son [sʌ́n サン]	名	息子
kid-sized [kíd sàizd キド サイズド]	形	子どもサイズの
roller [róulər ロウラ]	名	(遊園地の) ジェットコースター ★roller coaster で用いて
coaster [kóustər コウスタ]	名	(遊園地の) ジェットコースター ★roller coaster で用いて

○ What are Japanese **teenagers** interested in?
○ 日本の**ティーンエージャー**はどのようなことに興味がありますか。

☐ roller coaster 　名 （遊園地の）ジェットコースター
☐ [róulər kòustər
　ロウラ コウスタ]

☐ autograph 　名 有名人のサイン
☐ [ɔ́:təgræf
　オートグラフ]

単語ノート

right 　教 p.21, 74 ほか／本書 p.100

rightは複数の意味を持つ多義語です。NEW CROWNでも3年までにその主なものが使われていますので、ここでしっかり整理しておきましょう。

① 形容詞 「正しい、まちがっていない」
That's right.（そのとおりです。）
She is right.（彼女（の言うこと）は正しいです。）

② 名詞／形容詞／副詞 「右（の，へ），右側（の，へ）」
Tom broke his right leg.（トムは右足（の骨）を折りました。）
Lucy sat on my right.（ルーシーは私の右側にすわりました。）

③ 名詞「（正当な）権利」
the right to vote（投票する権利）　human rights（人権）

Take Action! Talk 5　サンドイッチに何を入れましょうか

bacon [béikən　ベイコン]	名	ベーコン
lettuce [létəs　レタス]	名	レタス
slice [sláis　スライス]	名	1枚，一切れ ■複数形は slices
tomato [təméitou トメイトウ]	名	トマト
bit [bít　ビト]	名	少し，少量
a little bit of ...		…をほんの少し
onion [ʌ́njən　アニョン]	名	タマネギ
Would you like ...?		…はいかがですか。
pickle [píkl　ピクル]	名	ピクルス ★ふつう複数形 pickles で用いる
◇ **side** ◇ [sáid　サイド]	名	横；そば，わき
No, thank you.		いいえ，結構です。
Anything else?		ほかに何かありますか。
chip [tʃíp　チプ]	名	ポテトチップス ■複数形は chips
salad [sǽləd　サラド]	名	サラダ

What would you like on your sandwich? — **Bacon**, **lettuce**, three **slices** of **tomato**, and **a little bit of onion**, please.
サンドイッチに何を入れましょうか。—**ベーコン**，**レタス**，**トマト**を３**切れ**，あと**タマネギを少し**お願いします。

Would you like pickles on the **side?**
付け合わせに**ピクルス**はいかがですか。

No, thank you.
いいえ，結構です。

Anything else? Chips? A **salad**? — A **salad**, please.
ほかに**ご注文はありません**か。**ポテトチップス**や**サラダ**はいかがですか。
—**サラダ**をお願いします。

Project 2 国際交流イベントに出展しよう

☐☐ Asian [éiʒən **エ**イジャン]	形	アジアの	
◇◇◇ **call** [kɔ́ːl **コー**ル]	名	要求	
☐☐ presentation [prìːzentéiʃən プリーゼン**テ**イション]	名	発表，プレゼンテーション ■複数形は presentations	
☐☐ region [ríːdʒən **リー**ヂョン]	名	地域 ■複数形は regions	
◇◇◇ **other** [ʌ́ðər **ア**ザ]	代	〔the other で〕(2 つの中で)もう一方(のもの)；〔the others で〕(3 つ以上の中で)残りの物[人]	
☐☐☐ *each other*		おたがい(を[に])	
☐☐ topic [tápik **タ**ピク]	名	話題；(講演・エッセイなどの)テーマ	
☐☐ below [bilóu **ビロ**ウ]	副	下(の方)に[の]	
☐☐ housing [háuziŋ **ハ**ウズィング]	名	住居，家	

Asian Expo: Call for Presentations

「**アジア**博覧会：**プレゼンテーション募集**」

At the expo, people from cities and regions in Asia gather and learn about each other's cultures.

博覧会では，アジアのさまざまな都市や**地域**の人々が集まり，**おたがい**の文化を学びます。

Topic: What is the best thing about your city or region?

トピック：あなたの都市や地域の最もよいところは何ですか。

Choose one from the list below.

下のリストから１つ選んでください。

criterion [kraitíəriən クライ**ティ**アリオン]	名	基準	
criteria [kraitíəriə クライ**ティ**アリア]	名	criterion（基準）の複数形	
selection [səlékʃən セ**レ**クション]	名	選ぶこと，選択，選抜	
committee [kəmíti コ**ミ**ティ]	名	委員会	
delivery [dilívəri ディ**リ**ヴァリ]	名	配達；（演説の）仕方	
up to ...		最高…まで	
point [pɔ́int **ポイント**]	名	（競技・成績の）点数，得点 ■複数形は points	
total [tóutl **ト**ウタル]	形	全体の，合計の	
date [déit **デ**イト]	名	日付，（年）月日	
desk [désk **デ**スク]	名	机，受付	

The Criteria for Selection
「選考基準」

The members of the committee will judge your presentation on: a) content, b) passion, and c) delivery.
委員会のメンバーが，あなたのプレゼンテーションを，a) 内容，b) 情熱，c) 発表の仕方で判断します。

Each can get up to five points.
それぞれの項目は最高5点です。

We will choose the group with the highest total score.
総得点が最も高いグループを選びます。

Date: December 2
日にち：12月2日

Please come to the front desk, and receive your number by 2:00 p.m.
午後2時までに正面受付に来て，番号を受け取ってください。

CHECK IT OUT!

Lesson 5 GET Part 1
教 pp.69~71

(1) m _____ 勇ましい，好戦的な

(2) m _____ a _____ 武道，武術

(3) r _____ 修理する

① 月 日	／3点	② 月 日	／3点	③ 月 日	／3点

Lesson 5 GET Part 2
教 pp.72~73

(1) _____ 公の，公共の

(2) _____ (切って分けられた)部分，区域

(3) _____ いっぱいになる

(4) _____ 努力

(5) r _____ 断る

(6) a _____ 逮捕する

(7) c _____ 創造性

(8) h _____ 正直

(9) _____ you have の短縮形

(10) _____ up いっぱいに満ちる

① 月 日	／10点	② 月 日	／10点	③ 月 日	／10点

(1)		車，乗用車
(2)		どこに〔へ〕でも
(3)		殺す
(4)		死，死亡
(5)	r	洗面所，トイレ
(6)	f	噴水
(7)	u	不公平な，不正な
(8)	m	(社会的・宗教的)運動
(9)	j	正義
(10)	b	ボイコット
(11)	l	続く
(12)	a	業績，達成
(13)	i	奮い立たせる
(14)	q	引用
(15)	n	国家
(16)	j	(物のよしあしを)判断する
(17)	s	皮膚，肌
(18)	be _____ to ...	…することができる
(19)	_____ the law	法の下で
(20)	be _____ to ...	自由に…することができる
(21)	join _____ with ...	…と手を取り合う

① 月 日	／21点	② 月 日	／21点	③ 月 日	／21点

CHECK IT OUT!

Lesson 5 USE Write
📖 p.78

(1) _____ 基礎〔根拠〕に置く

(2) be _____ on ... …をもとにしている

① 月 日	／2点	② 月 日	／2点	③ 月 日	／2点

Lesson 5 USE Speak
📖 p.79

(1) t_____ 10代の少年・少女

① 月 日	／1点	② 月 日	／1点	③ 月 日	／1点

Take Action! Listen 5
📖 p.80

(1) _____ 息子

(2) r_____ c_____ （遊園地の）ジェットコースター

① 月 日	／2点	② 月 日	／2点	③ 月 日	／2点

Take Action! Talk 5

教 p.81

(1)		少し，少量
(2)	s	1枚，一切れ
(3)	p	ピクルス
(4)	c	ポテトチップス
(5)	a _____ bit of ...	…をほんの少し
(6)	_____ else?	ほかに何かありますか。

① 月 日	／6点	② 月 日	／6点	③ 月 日	／6点

Project 2

教 pp.84~86

(1)		日付
(2)	p	発表，プレゼンテーション
(3)	r	地域
(4)	t	話題，テーマ
(5)	b	下(の方)に〔の〕
(6)	c	「基準」の複数形
(7)	c	基準
(8)	s	選ぶこと，選択
(9)	c	委員会
(10)	d	配達，(演説の)仕方

① 月 日	／10点	② 月 日	／10点	③ 月 日	／10点

GET Part 1

☐ **imagine** [imǽdʒin イマヂン]	動	想像する，心に思い描く

◇ **would** [wúd ウド]	助	(もし…ならば)…するだろうに ★仮定法で用いたとき
◇ **past** [pǽst パスト]	名	過去 ⇔future 名 未来，将来
☐ dinosaur [dáinəsɔ̀ːr ダイノソー]	名	恐竜 ■複数形は dinosaurs
◇ **could** [kúd クド]	助	…できたら；…できるだろうに ★仮定法で用いたとき

☐ **truth** [trúːθ トルース]	名	真実，ほんとうのこと，事実
☐ grandchild [grǽndtʃàild グランドチャイルド]	名	孫
☐ grandchildren [grǽndtʃìldrən グランドチルドレン]	名	grandchild（孫）の複数形

GET Part 2

☐ Becky [béki ベキ]	名	ベッキー ★女性の名前
☐ meow [miáu ミアウ]	動	(ネコが)ニャーと鳴く ■3 単現は meows
☐ *all the time*		いつも

Imagine to Act
「行動を起こすために**想像する**」

○ If I had a time machine, I would go to the past.
タイムマシーンがあったら，**過去**に行く**な**。

I want to see the dinosaurs.
恐竜を見てみたいんだ。

○ If I had wings, I could fly.
もし翼があったら飛べる**のに**。

descendant [diséndənt ディ**セン**ダント]	名	子孫 ■複数形は descendants ⇔ancestor 名 祖先，先祖
period [píəriəd **ピ**アリアド]	名	時代
programming [próugræmiŋ **プロ**ウグラミング]	名	（コンピューターの）プログラミング（プログラム作成）

My cat, Becky, meows all the time.
私のネコの**ベッキー**は，**いつも鳴いています**。

complain [kəmpléin コンプ**レ**イン]	動	不平を言う；(痛みなどを)訴える ■-ing形はcomplaining
for sure		確かに
◇ **wish** ◇ [wíʃ **ウィ**シュ]	動	…であればなあ，…すればいいと思う
translator [trǽnsleitər ト**ラ**ンスレイタ]	名	翻訳者，翻訳機
app [ǽp **ア**プ]	名	アプリ，アプリケーション
communicate [kəmjúːnəkèit コ**ミュー**ニケイト]	動	(意思・考え・情報などを)伝達する，知らせる

bird [bə́ːrd **バ**ード]	名	鳥
rhino [ráinou **ラ**イノウ]	名	サイ ★rhinocerosの略
sea lion [síː làiən **スィー** ライオン]	名	トド，アシカ

USE Read How to Create New Ideas

inventor [invéntər イン**ヴェ**ンタ]	名	発明家 ■複数形はinventors
◇ **age** ◇ [éidʒ **エ**イヂ]	名	時代 ■複数形はages

I think she is **complaining**, but I don't know **for sure**.
彼女は**文句を言っている**のだと思いますが，**確かに**はわからないのです。

✪I **wish** I could make a **translator app**.
翻訳アプリを作れれば**なあと思います**。

Then she could tell me her feelings, and we could **communicate** better.
そうすれば，彼女は私に感情を伝えることができて，もっと上手に**コミュニケーションがとれる**のにと思います。

I wish I could fly like a **bird**.
鳥のように飛べたらなあ。

New York [njùː jɔ́ːrk ニュー**ヨ**ーク]	名	ニューヨーク市；ニューヨーク州
back [bǽk **バ**ク]	副	昔に（さかのぼって）

教 pp.92~95

If I had a time machine, I would visit great **inventors** across the **ages**.
もしタイムマシーンがあったら，**時代**を超えて偉大な**発明家**のもとを訪ねます。

☐☐☐ *think of ...*		…のことを思う
☐☐ dreamer [dríːmər ドリーマ]	名	夢想家，夢を見る人
◇◇◇ **past** [pǽst パスト]	形	過去の
☐☐☐ **nobody** [nóubàdi ノウバディ]	代	だれも…ない
◇◇ **always** [ɔ́ːlweiz オールウェイズ]	副	いつも…とは限らない ★not のある文で用いたとき
☐☐☐ *not always*		いつも…とは限らない
◇◇◇ **by** [bái バイ]	前	…によって，…で，…を使って ★手段・方法を表す
◇◇◇ interest [íntərəst **イ**ンタレスト]	動	(人の)興味をかきたてる ■過去形・過去分詞は interested
☐☐ Leonardo da Vinci [lìːənáːrdou də víntʃi リーオ**ナ**ードウ ダ **ヴィ**ンチ]	名	レオナルド・ダ・ヴィンチ ★イタリアの画家・建築家・科学者(1452-1519)
☐☐ feather [féðər フェザ]	名	羽 ■複数形は feathers

It is something I have been **thinking of** for a long time.
これは，長い間私が**考え**続けてきたことです。

You might think I am a **dreamer**, but all new things start as dreams.
みなさんは私のことを**夢を見る人**と思うかもしれませんが，新しいことはすべて夢として始まります。

I have learned from **past** dreamers how to create something new for the future.
私は，未来のために新しいものを生み出す方法を，**過去の**夢を見る人たちから学んできました。

Today **nobody** thinks about flying.
今日，**だれも**飛行することについて考えま**せん**。

It is not new or especially exciting. It was **not always** so.
新しくもないし，特にわくわくさせるようなことでもないからです。**いつも**そうだった**わけではありません**。

For centuries the dream of traveling **by** air **interested** inventors, like **Leonardo da Vinci**. He thought, "I wish I could fly like a bird."
何世紀もの間，飛行機**で**旅をするという夢は，**レオナルド・ダ・ヴィンチ**のような発明家**の興味を引きつけました**。「鳥のように飛べたらなあ」と彼は考えました。

They watched **feathers** in the wind.
彼らは風を受けたときの**羽**の様子を観察しました。

gradually [grǽdʒuəli グラヂュアリ]	副	だんだんと，徐々に，しだいに
some of ...		…のいくつか
secret [síːkrət スィークレト]	名	秘密；秘訣 ■複数形は secrets

early [ə́ːrli アーリ]　形　(時間や時期が) 早い；初期の
★「(速度が)速い」は fast を用いる
■最上級は earliest
⇔ late 形 遅い，遅れた

aircraft [éərkræft エアクラフト]　名　航空機
★飛行機，ヘリコプター，飛行船などの総称
■複数形も aircraft

ridiculous [ridíkjələs リディキュラス]　形　ばかばかしい，こっけいな

tie [tái タイ]　動　結ぶ，くくりつける
■過去形・過去分詞は tied

another [ənʌ́ðər アナザ]　代　もう1つの物，もう1人の人；別の物 [人]

duck-like [dʌ́k làik ダク ライク]　形　アヒルのような

make fun of ...　…をからかう

Gradually they learned some of the secrets of flight.
次第に，彼らは飛行に関する**秘密のいくつか**を学びました。

The earliest aircraft were ridiculous.
初期の飛行機は**こっけい**でした。

One inventor tied an umbrella and wings to a chair.
ある発明家は，かさと翼をいすに**くくりつけました**。

Another made a duck-like machine.
別の発明家は，**アヒルのような**機械を作りました。

People made fun of them.
人々は彼ら**をからかいました**。

☐ imagination ☐ [imædʒənéiʃən イマヂ**ネ**イション]	名	想像，想像力 ■複数形は imaginations
◇ **quite** ◇ [kwáit クワイト]	副	〔客観的に〕まったく
☐ unexpected ☐ [ʌnikspéktəd アニクス**ペ**クテド]	形	思いがけない，予期しない
☐ invention ☐ [invénʃən インヴェンション]	名	発明，発明品
☐ **modern** ☐ [mádərn **マ**ダン]	形	現代の
☐ airplane ☐ [éərplèin **エ**アプレイン]	名	飛行機
☐ *in order to ...* ☐		…するために
☐ Wright ☐ Brothers [ráit brʌ́ðərz **ラ**イト ブ**ラ**ザーズ]	名	ライト兄弟 ★米国の飛行家；人類初の飛行に成功。the をつけて表す
☐ successful ☐ [səksésfəl サク**セ**スフル]	形	成功した，うまくいった
☐ experiment ☐ [ikspérəmənt イクス**ペ**リメント]	名	実験 ■複数形は experiments

However, the inventors used their imaginations in quite unexpected ways.
しかし，発明家たちは彼らの**想像力をまったく思いがけない**方法で用いました。

They led to the invention of the modern airplane.
それらが**現代の飛行機の発明**をもたらしたのです。

You need a mind full of ideas in order to create something new.
何か新しいものを生み出す**ためには**アイデアにあふれる思考が必要です。

The Wright Brothers made the first successful flight in 1903.
ライト兄弟は，1903 年に初めて飛行を**成功**させました。

Before this flight, they made a lot of experiments.
この飛行の前に，彼らは多くの**実験**をしました。

◇◇◇ **over** [óuvər オウヴァ]	副	くり返して, もう一度 ★くり返しを表す
over and over *again*		何度も何度も
glider [gláidər グライダ]	名	グライダー ■複数形は gliders
find out ...		…がわかる
as soon as ...		…するとすぐ
had to ...		…しなければならなかった
failure [féiljər フェイリャ]	名	失敗 ⇔success 名 成功
hesitate [hézətèit ヘズィテイト]	動	ためらう
start off		出発する
personal [pə́:rsənəl パーソナル]	形	個人的な

They tested their ideas over and over again.
彼らは，自分たちのアイデアを**何度も繰り返し**試しました。

Sometimes, their gliders broke into pieces.
時には，彼らの**グライダー**は粉々になりました。

Other times, the brothers found out that the wings
did not work.
またある時には，翼がうまく動かないということ**がわかりました**。

As soon as they noticed a problem, they looked for a
solution.
問題に気づく**とすぐに**，解決策を探しました。

The brothers knew that they had to learn from the
failure.
ライト兄弟は，**失敗**から学ば**なければならない**ということを知っていました。

First, we should not hesitate to come up with new
and original ideas.
まず，私たちは新しく独創的なアイデアを考え出すことを**ためらう**べきでは
ありません。

Using our imagination is the key to starting off.
想像力を用いることが**始めること**の手がかりとなります。

This is the message I will leave with you: have the
courage to imagine and the courage to act in your
personal and public lives.
これは，私がみなさんに残していくメッセージです。想像する勇気を持って
ください。そして，**自分の**生活，そして社会生活の中で行動する勇気を持っ
てください。

USE Write 英語の詩を書こう

☐☐ **reach** [ríːtʃ **リーチ**]	動	…に着く，達する
☐☐ **myself** [maisélf **マイセルフ**]	代	私自身を〔に〕； 〔主語の意味を強めて〕私自身で，自分で
◇◇ **last** ◇◇ [lǽst **ラスト**]	形	最後の ★ふつう the をつけて用いる
☐☐ blackboard [blǽkbɔ̀ːrd **ブラ**クボード]	名	黒板
◇◇ **face** ◇◇ [féis **フェイス**]	動	面する
☐☐ serious [síəriəs **スィ**アリアス]	形	まじめな，真剣な
◇◇◇ **dream** ◇◇ [dríːm **ドリーム**]	動	夢を見る ■-ing 形は dreaming
☐☐ pond [pánd **パ**ンド]	名	池
☐☐ forever [fərévər フォ**レ**ヴァ]	副	永遠に

I wish I had arms and legs. Then I could **reach** the desk by **myself**, when I am dropped on the floor.
手と足があったらいいのに。そしたら，床に落ちたとき，**自分**で机に**たどり着ける**のに。

The **Last** Day
「**最後の日**」

I am a **blackboard**.
私は**黒板**。

The students **face** me almost every day.
生徒はほとんど毎日，私と**向かい合う**。

Some look **serious**, some look sleepy.
まじめそうな生徒がいれば，眠そうな生徒もいる。

While she is studying history, I am **dreaming**.
彼女が歴史の勉強をしている間，私は**夢を見ている**。

I love this warm little **pond** and box.
私はこのあたたかい小さな**池**と箱を愛している。

I wish I could be here **forever**.
ここに**一生**いられたらなあ。

Take Action! Listen 6　スピーチ

central [séntrəl　セントラル]	形	中央の
Central America [séntrəl əmérəkə　セントラル アメリカ]	名	中央アメリカ
rainforest [réinfɔ̀:rəst　レインフォーレスト]	名	熱帯雨林

Word Bank　いろいろな動作／環境／社会

album [ǽlbəm　アルバム]	名	アルバム ★写真帳，切手帳，サイン帳などをさす
pollution [pəlú:ʃən　ポルーション]	名	汚染
level [lévəl　レヴェル]	名	水平；水位
rise [ráiz　ライズ]	名	上昇，増加
endangered [indéindʒərd　インデインヂャド]	形	絶滅寸前の
gender [dʒéndər　ヂェンダ]	名	性，性別
equality [ikwáləti　イクワリティ]	名	平等

☐☐ plantation [plæntéiʃən プラン**テイ**ション]	名	大農場
☐☐ recover [rikʌ́vər リ**カ**ヴァ]	動	取りもどす，再生する
☐☐ proud [práud プ**ラ**ウド]	形	誇りを持っている

☐☐ human [hjúːmən **ヒュ**ーマン]	名 形	人間(の)

単語ノート

meow 教 p.90/ 本書 p.120

日本語では，イヌの泣き声は「ワンワン」，波の打ち寄せる音は「ザブーン」などと表したりしますね。英語でもネコが「ニャーと鳴く」はmeowで表すなど，動物の鳴き声などを文字で表します。

Can you hear? Birds are chirping.
(聞こえる？　鳥がチッチッと鳴いているよ。)
The cows said "moo-moo" at the same time.
(牛が同時にモーモーと鳴きました。)
Two little dogs were yapping.
(2匹の小さなイヌがキャンキャンほえていました。)
*イヌの鳴き声はbow wow(ワンワン)，woof woof(ウーといううなり声)などほかにもあります。

CHECK IT OUT!

Lesson 6 GET Part 1

📖 pp.87~89

(1)	_____	想像する
(2)	_____	真実，ほんとうのこと
(3)	_____	時代
(4)	d _____	恐竜
(5)	g _____	「孫」の複数形
(6)	g _____	孫
(7)	d _____	子孫

① 月 日 ／7点	② 月 日 ／7点	③ 月 日 ／7点

Lesson 6 GET Part 2

📖 pp.90~91

(1)	c _____	不平を言う
(2)	t _____	翻訳者，翻訳機
(3)	c _____	(意思・考え・情報などを)伝達する
(4)	r _____	サイ
(5)	s _____ l _____	トド，アシカ
(6)	_____ the time	いつも
(7)	_____ sure	確かに

① 月 日 ／7点	② 月 日 ／7点	③ 月 日 ／7点

(1)		だれも…ない
(2)		現代の
(3)		個人的な
(4)	i	発明家
(5)	f	羽
(6)	g	だんだんと，徐々に
(7)	s	秘密，秘訣
(8)	a	航空機
(9)	r	ばかばかしい，こっけいな
(10)	i	想像(力)
(11)	u	思いがけない
(12)	i	発明，発明品
(13)	s	成功した
(14)	e	実験
(15)	g	グライダー
(16)	f	失敗
(17)	h	ためらう
(18)	make _____ of ...	…をからかう
(19)	in _____ to ...	…するために
(20)	find _____ ...	…がわかる
(21)	as _____ as ...	…するとすぐ
(22)	start _____	出発する

① 月 日 ／22点	② 月 日 ／22点	③ 月 日 ／22点

CHECK IT OUT!

Lesson 6 USE Write
教 pp.96~97

(1)		…に着く，達する
(2)		私自身を〔に，で〕
(3)	b	黒板
(4)	s	まじめな，真剣な
(5)	p	池
(6)	f	永遠に

① 月 日	／6点	② 月 日	／6点	③ 月 日	／6点

Take Action! Listen 6
教 p.98

(1)	c	中央の
(2)	C　　　　　A	中央アメリカ
(3)	r	熱帯雨林
(4)	p	大農場
(5)	r	再生する
(6)	p	誇りを持っている

① 月 日	／6点	② 月 日	／6点	③ 月 日	／6点

Word Bank
教 p.101

(1)	p	汚染
(2)	g	性，性別
(3)	e	平等
(4)	h	人間(の)

① 月 日	／4点	② 月 日	／4点	③ 月 日	／4点

■ 派生語Ⅱ

① **-ness**：「状態・性質」などを表す名詞を作る

darkness（暗やみ）　　happiness（幸福）　　sickness（病気）

② **-ion, -tion**：「動作・結果・状態」などを表す名詞を作る

action（行動）　　communication（意思の疎通）　　conclusion（結論）

connection（つながり）direction（方向）　　generation（世代）

pollution（汚染）　　presentation（発表）　　question（質問）

station（駅）　　tradition（伝統）　　vacation（休暇）

③ **-y**：「～の性質の，～の傾向がある」などの意味を表す形容詞を作る

cloudy（くもりの）　　rainy（雨降りの）　　sleepy（眠い）

sticky（ねばねばする）　　sunny（日の照っている）　　thirsty（のどのかわいた）

④ **-ful**：「～の多い，～の性質がある」などの意味を表す形容詞を作る

beautiful（美しい）　　careful（注意深い）　　colorful（色彩に富んだ）

peaceful（平和な）　　powerful（力の強い）　　skillful（腕のいい）

useful（役にたつ）　　wonderful（すばらしい）　　wasteful（無駄に使う）

⑤ **-ous**：「～（の特徴）を持つ，～の多い」などを意味する形容詞を作る

dangerous（危険な）　　delicious（おいしい）　　famous（有名な）

nervous（神経質な）　　serious（まじめな）

⑥ **-al**：名詞につけて「～の（性質の）」の意味を表す形容詞を作る

final（最後の）　　ideal（理想的な）　　medical（医学の）

memorial（記念の）　　national（国の）　　original（最初の）

professional（職業の）traditional（伝統的な）

⑦ **-ing**：動詞につけて「行為（の結果できたもの）・過程」などの意味を表す名詞を作る

beginning（最初）　　cooking（料理）　　dining（食事）

drawing（絵）　　engineering（工学）　　farming（農業）

building（建物）　　feeling（感情）　　living（生活）

meaning（意味）　　meeting（集まり）　　parking（駐車）

saying（ことわざ）　　shopping（買い物）　　setting（設定）

washing（洗濯）

GET Part 1

to tell the truth		実を言えば
figure [fígjər フィギャ]	動	思う
figure out ...		…を解く，理解する
put ... into ~		…を〜に費やす
speaker [spí:kər スピーカ]	名	(母語)話者
have a great time		楽しい時を過ごす

in the future		将来
out of ...		…から外側へ
◇ **need** [ní:d ニード]	名	必要；必要なもの；困窮
in need		困って
moon [mú:n ムーン]	名	月
company [kʌ́mpəni カンパニ]	名	会社
research [risə́:rtʃ リサーチ]	動	研究する

To tell the truth, it was difficult at first.
実を言えば，最初は難しかったよ。

I couldn't figure out what people were saying.
みんなが何を言っているのか，理解できなかった。

You put a lot of effort into studying.
たくさんの努力を勉強に傾けたよね。

Now you're a good Japanese speaker.
今は，とてもじょうずな日本語話者だよ。

We really had a great time together.
私たち，ほんとうにすてきな時間を一緒に過ごしたよね。

Can you imagine where you'll live in the future, Taku?
タク，将来自分がどこに住むか想像できますか。

I can't, but I want to live out of Japan.
できませんが，私は日本から出て住んでみたいです。

Can you imagine what job you'll have in the future?
— I can't, but I want to work for people in need.
あなたは将来自分がどんな仕事についているか想像できますか。
—できませんが，困っている人々のために働きたいです。

GET Part 2

☐☐ performing arts [pərfɔ́:*r*miŋ àːrts パ**フォー**ミング アーツ]	名	舞台芸術
☐☐ decision [disíʒən ディ**スィ**ジョン]	名	決心
☐☐ *make a decision*		決断する
☐☐ *be ready to ...*		…する準備ができて
◇◇◇ help [hélp ヘルプ]	動	A（人）が…するのを手伝う ★〔help A ＋動詞の原形〕の形で用いる ■過去形・過去分詞は helped
☐☐ deal [díːl ディール]	動	〔deal with ... で〕…を（取り）扱う； 〔deal in ... で〕（商品）を扱う
☐☐ *deal with ...*		…を取り扱う，…に対処する
◇◇◇ side [sáid サイド]	名	（敵・味方の）側，派
☐☐ apart [əpáːrt アパート]	副	離れて
◇◇ miss [mís ミス]	動	…がいなくて寂しく思う
☐☐ *I miss you.*		あなたがいなくて寂しい。

142

I decided to study **performing arts** in America.
私，アメリカで**舞台芸術**を学ぶことに決めたよ。

So you finally **made a decision**.
そう，ついに**決心した**んだね。

I**'m ready to** go.
行く**準備はできているよ**。

★You always **helped** me **deal with** problems in my life.
あなたは，私が人生の問題**に対処するのを**いつも**助けてくれた**ね。

I'll be on your **side** even when we're **apart**.
離れても，ずっとあなたの**味方**だからね。

I'll **miss you.**
寂しくなるな。

143

◇ **touch**	名	接触
◇ [tʌtʃ **タチ**]		
☐ *keep in touch*		連絡を取り合う
☐		

☐ seriously	副	まじめに，本気で
☐ [síəriəsli		
スィアリアスリ]		
☐ *make up*		…と仲直りをする
☐ *with ...*		

USE Read Learning a Foreign Language

☐ non-governmental	形	政府の関係しない，民間の
☐ [nàn gʌ̀vərnméntl		
ナン ガヴァン**メ**ンタル]		
☐ organization	名	組織，団体
☐ [ɔ̀:rgənəzéiʃən		
オーガニ**ゼ**イション]		
☐ NGO	《略》	非政府組織
☐ [én dʒí: óu		★non-governmental organization の略
エン **ヂ**ー **オ**ウ]		
◇ serious	形	重大な，（病状など）重い
◇ [síəriəs		
スィアリアス]		
☐ within	前	…の範囲内に〔で〕
☐ [wiðín ウィ**ズィ**ン]		

I'll **keep in touch**.
連絡するよ。

My best friend helped me think about my future
seriously.
私の親友は，私が自分の将来を**本気で**考える手助けをしてくれました。

☐ doghouse 名 犬小屋
☐ [dɔ́:ghàus
☐ **ドーグハウス**]

📖 pp.108~111

Every summer I work for four weeks in a
non-governmental organization (NGO).
毎年夏に私は，4 週間，**非政府組織**（**NGO**）で働いています。

I go to places that have **serious** health problems.
私は**深刻な**健康問題を抱えている場所に行きます。

We use English to communicate **within** the team
and with local doctors.
チーム**内で**，また地域の医師たちとコミュニケーションをとるのに英語を使
います。

medical [médikəl メディカル]	形	医学の，医療の
treatment [trí:tmənt トリートメント]	名	治療，手当 ■複数形は treatments
patient [péiʃənt ペイシェント]	名	患者，病人 ■複数形は patients
clearly [klíərli クリアリ]	副	はっきりと，明確に
sensitively [sénsətivli センスィティヴリ]	副	敏感に
communication [kəmjù:nəkéiʃən コミューニケイション]	名	（情報などを）伝えること；意思の疎通
understanding [ʌ̀ndərstǽndiŋ アンダスタンディング]	名	理解
with [wíð ウィズ]	前	…を伴って ★様態を表す
care [kéər ケア]	名	注意，用心
attention [əténʃən アテンション]	名	注意，注意力；関心

Our team helps the local doctors learn medical treatments.
私たちのチームは，その地域の医師たちが**医療**を学ぶのを手伝います。

They help us learn the patients' needs.
彼らは，私たちが**患者**のニーズを知るのを助けてくれます。

I have learned that I need to explain things clearly and sensitively.
私は，物事を**明確に**，そして**相手によく配慮して**説明しなければならないことを学びました。

Language is one of the necessary tools for communication and understanding.
ことばは**意思の疎通**や**理解**のために必要な道具の1つです。

We must use it with care and attention.
私たちは，**注意**と**配慮をもって**，ことばを使わなければなりません。

◇◇◇ research [risə́:rtʃ リサーチ]	名	研究，調査
□□ California [kæləfɔ́:rnjə キャリフォーニャ]	名	カリフォルニア ★アメリカの州の名前
□□ artificial [à:rtəfíʃəl アーティフィシャル]	形	人工の ⇔natural 形 天然の，自然の
□ intelligence [intélədʒəns インテリヂェンス]	名	知性，知能
□ AI [eiái エイアイ]	《略》	人工知能 ★artificial intelligenceの略
◇◇ **clear** [klíər クリア]	形	明らかな
□□ researcher [risə́:rtʃər リサーチャ]	名	研究者
□ **refer** [rifə́:r リファー]	動	…を参考にする，参照する，調べる ★〔refer to …〕の形で用いて
□ *refer to …*		…を参照する
□ German [dʒə́:rmən ヂャーマン]	名	ドイツ語〔人〕

I am a computer scientist, and I belong to a **research** team in **California**.

私はコンピューター・サイエンスの科学者で，**カリフォルニア**の**研究**チームに所属しています。

We study **artificial intelligence** (**AI**).

私たちは**人工知能**（**AI**）について研究しています。

One thing about language is **clear** from my experience: when you need a language, you will learn it.

私の経験から，ことばについて１つ**はっきりして**いることがあります。それは，ことばが必要なら，人はことばを学ぶということです。

Now, as an AI **researcher**, I **refer to** articles in Chinese and listen to reports in **German**.

現在は，AI **研究者**として，中国語の記事**を参照し**たり，**ドイツ語**で報告を聞いたりします。

☐☐ inn [ín **イン**]	名	宿
☐☐ appear [əpíər **アピア**]	動	現れる；(テレビなどに)出る，出演する ■過去形・過去分詞は appeared
☐☐ brochure [bəouʃúər **ブロウシュア**]	名	小冊子，パンフレット ■複数形は brochures ★日本語の「パンフレット」は，pamphlet（小冊 子）ではなく，brochure に当たる場合が多い
☐☐ foreigner [fɔ́:rənər **フォーリナ**]	名	外国人 ■複数形は foreigners
☐☐ interview [íntərvjù: **インタヴュー**]	動	インタビュー〔面接〕をする
☐☐ **response** [rispáns **リスパンス**]	名	〔…に対する〕答え，返答 ■複数形は responses
☐☐ washing [wáʃiŋ **ワシング**]	名	洗濯
☐☐ washing machine [wáʃiŋ məʃì:n **ワシング マシーン**]	名	洗たく機
☐☐ Wi-Fi [wái fái **ワイファイ**]	名	ワイファイ ★無線 LAN の標準規格；wireless fidelity の 略

I own a *ryokan*, a Japanese-style inn.
私は，日本式の**宿屋**である「旅館」の経営者です。

When Wakaba City appeared in a popular anime, foreign tourists started coming.
わかば市が人気アニメに**登場し**てから，外国人観光客が来はじめました。

I made English brochures for them.
私は彼らのために英語の**小冊子**を作りました。

My inn was popular at first, but gradually fewer foreigners came.
当初，私の旅館は人気がありましたが，徐々に**外国人**がほとんど来なくなってしまいました。

I used English to interview my foreign guests.
私は英語を使って外国人の宿泊客に**インタビューをして**みました。

Their responses helped me see the matter more clearly.
彼らの**回答**のおかげで，問題をより明確に理解することができました。

Some wanted a washing machine and free Wi-Fi.
洗濯機や無料 **Wi-Fi** を望む人もいました。

□ **customer**	名	(店の)客
[kʌ́stəmər **カスタマ**]		■複数形は customers
□ satisfied [sǽtəsfàid **サティスファイド**]	形	満足した
◇ **before** ◇ [bifɔ́ːr **ビフォー**]	副	以前に
□ *not only ...*		…だけでなく
□ *than ever before*		これまでより
□ broaden [brɔ́ːdn **ブロードン**]	動	広げる

USE Speak 20歳の自分にビデオメッセージを作ろう

| □ separate [sépərèit **セパレイト**] | 動 | 隔てる |
| □ *See you.* | | じゃあまた。 |

GET Plus 3 教室の飾りつけをしてもらいたいです

| ◇ **want** ◇ [wɑ́nt **ワント**] | 動 | …に〜してもらいたい, …に〜することを要求する ★〔want ... to 〜〕の形で用いて |
| □ decorate [dékərèit **デコレイト**] | 動 | (場所などを)〔…で〕飾る, 装飾する |

My **customers** were more **satisfied** than **before**.
お客さまは**以前**よりも**満足して**くれました。

Not only that, more foreign guests came **than ever before**.
それだけでなく，**これまで**より多くの外国人のお客さまが来てくれるようになりました。

A foreign language can **broaden** your mind.
外国語は視野を**広げ**てくれます。

📖 pp.112~113

You and I are the same person, but five years will **separate** us.
あなたと私は同じ人だけど，5年間という年月が私たちを**分け**ているね。

See you in five years!
5年後に**会おうね**！

📖 p.114

Riku, what do you **want** me to do next?
陸，次は私に何を**してほしい**？

I want you to **decorate** the room.
教室を**飾って**もらいたいな。

Word Bank いろいろな動作

◇ **plan** ◇ [plǽn プラン]	動	計画する
invitation [ìnvətéiʃən インヴィ**テ**イション]	名	招待

Project 3 ディスカッションをしよう

playground [pléigràund プ**レ**イグラウンド]	名	運動場
equipment [ikwípmənt イク**ウィ**プメント]	名	備品, 用具
remove [rimú:v リ**ム**ーヴ]	動	取り除く, 取り外す ■過去形・過去分詞は removed
freely [frí:li フ**リ**ーリ]	副	自由に
◇ **late** ◇ [léit **レ**イト]	形	最近の ■最上級は latest(「最新の」という意味になる)
these days		最近
elderly [éldərli **エ**ルダリ]	形	年配の

◇ **table**
◇ [téibl **テイブル**]
◇
名 テーブル，食卓

◇ **clear**
◇ [klíər **クリア**]
動 かたづける

○ Big Park / Playground
○ 「大きな公園・**運動場**」

○ Playground equipment has been removed from
○ some parks.
公園から遊具が**取り除か**れてしまっていることもあります。

○ Then children can play freely.
○ そうしたら，子どもたちは**自由に**遊ぶことができます。

○ We have to go to Midori City to get the latest
○ medical treatment.
私たちは**最新の**医療を受けるために，みどり市まで行かなくてはなりません。

○ In addition, these days, you cannot stay in the
○ hospital for a long time.
加えて，**最近では**長い期間，病院に入院することができません。

○ This is becoming a serious problem as the number of
○ elderly people increases.
このことは，**高齢**者の数が増えるにつれて，深刻な問題になりつつあります。

☐☐ nursery [nə́ːrsəri ナーサリ]	名	託児所
☐ nursery school [nə́ːrsəri skùːl ナーサリ スクール]	名	保育園
☐☐ exception [iksépʃən イクセプション]	名	例外
☐☐ *enough ...* *to ~*		~するのに必要なだけの…
☐☐ **handle** [hǽndl ハンドル]	動	扱う，処理する
☐☐ stream [stríːm ストリーム]	動	流す
◇◇ **from** ◇ [frʌ́m フラム]	前	…と(違って) ★区別を表す
☐☐ *be different* *from ...*		…と違っている
☐☐ audience [ɔ́ːdiəns オーディエンス]	名	聴衆，観客
◇◇ **experience** ◇ [ikspíəriəns イクスピアリエンス]	動	体験する，経験する
☐☐ *come together*		集まる

Nursery School
「保育園」

Wakaba City is not an exception.
わかば市も**例外**ではありません。

Even though the number of children is decreasing,
we do not have enough nursery schools and
teachers to handle all the babies and children who
need care.
子どもの数が減ってはいますが，保育を必要としている赤ちゃんや子どもた
ちすべての**面倒をみるのに必要なだけの**保育園や保育士が足りません。

I can stream a film and watch it at home.
私は家で，映画を**ストリーミングして見る**ことができます。

This is different from watching a film at a movie
theater.
これは映画館で映画を見ること**とは違います**。

At a movie theater, I am part of an audience.
映画館では，私は**観客**の１人です。

I can experience the film with others.
私はほかの観客と一緒に映画を**体験する**ことができます。

At a theater, the city truly comes together.
映画館において，町は本当の意味で**一体となるのです**。

157

READING FOR FUN 2 ▶ A Present for You

☐☐ cent [sént **セント**]	名	セント；1 セント銅貨 ★米国，カナダなどの貨幣単位 ■複数形は cents
☐☐ Della [délə **デラ**]	名	デラ ★女性の名前
☐☐ **money** [mʌ́ni **マニ**]	名	お金
☐☐ Christmas [krísməs **クリスマス**]	名	クリスマス
☐☐ **husband** [hʌ́zbənd **ハズバンド**]	名	夫
☐☐ Jim [dʒím **ジム**]	名	ジム ★男性の名前
☐☐☐ *look out*		外を見る
☐☐ gray [gréi **グレイ**]	名 形	灰色 (の)
☐☐ fence [féns **フェンス**]	名	囲い，さく，へい
☐☐ yard [jáːrd **ヤード**]	名	(家などの周りの) 庭，中庭，裏庭

One dollar and eighty-seven **cents**.
1 ドルと 87 **セント**。

Della counted the **money** again.
デラは**お金**をもう一度数えました。

The next day was **Christmas**.
次の日は**クリスマス**でした。

Della wanted to buy a present for her **husband**, **Jim**, but they were poor.
デラは**夫のジム**にプレゼントを買いたいと思っていましたが，彼らは貧しかったのです。

She stood by the window and **looked out**.
彼女は窓際に立ち**外を眺めました**。

She saw a large **gray** cat that had large **gray** eyes.
大きな**灰色の**目をした大きな**灰色の**ネコが目に入りました。

It was walking slowly on a gray **fence** in the gray **yard**.
それは，灰色の庭の灰色の**フェンス**の上をゆっくりと歩いていました。

READING FOR FUN 2 A Present for You

say to oneself		ひとりごとを言う
go up to ...		…のところまで行く
before [bifɔ́:r ビフォー]	前	…の前で，…の手前で ★位置を表す
exhausted [igzɔ́:stəd イグ**ゾ**ーステド]	形	疲れ果てた
shiny [ʃáini **シャ**イニ]	形	光っている，輝く
dealt [délt **デ**ルト]	動	deal((商品を)扱う)の過去形・過去分詞
goods [gúdz **グ**ヅ]	名	商品 ★複数扱いをする
block [blák ブ**ラ**ク]	名	1 区画；ブロック ■複数形は blocks
away [əwéi ア**ウェ**イ]	副	(距離的に)離れて，遠くに
apartment [əpá:rtmənt ア**パ**ートメント]	名	(アパート内の) 1 世帯分の部屋； アパート，マンション，共同住宅 ★米で用いられる
cold [kóuld **コ**ウルド]	形	冷淡な
low [lóu **ロ**ウ]	形	(高さ，声や音が)低い，小さい

"I'll have to sell something," she **said to herself**.
「何かを売らなくちゃいけないわ」と彼女は**ひとりごとを言いました**。

Della **went up to** the mirror and stood **before** it.
デラは鏡**のところに行き**，その**前に**立ちました。

She thought that she looked **exhausted**.
彼女は自分が**疲れ果てて**いるように思いました。

She looked at her long, **shiny** hair.
彼女は自分の長く，**輝く**髪を見つめました。

Della went to a shop that **dealt** in hair **goods**.
デラは髪に関する**商品**を**扱っている**店に行きました。

It was only a few **blocks away** from her
apartment.
そこは彼女の**アパート**から数**ブロック**しか**離れて**いませんでした。

In the shop, she saw a large woman who had **cold**
eyes.
その店に，**冷たい**目をした大柄の女性がいるのが目に入りました。

"I buy hair," said the woman in a **low** voice.
「髪は買うわ」と，その女性は**低い**声で言いました。

161

◇◇◇ **off** [ɔːf **オーフ**]	副	(服などを)脱いで, はずして ★身体からはずすことを表す
□ *take off ...* □ □		…を取り外す
□ **accept** □ [əksépt **アクセプト**]	動	受け入れる ■過去形・過去分詞は accepted ⇔ refuse 動 断る, 拒絶する
◇ **offer** ◇ [ɔːfər **オーファ**]	名	申し出 ; つけ値

READING FOR FUN 2 A Present for You

□ hunt □ [hʌnt **ハント**]	動	探す ■過去形・過去分詞は hunted
□ *all over ...* □ □		…じゅうに〔で〕
□ **marry** □ [mǽri **マリ**]	動	結婚する ■過去形・過去分詞は married
□ gold □ [góuld **ゴウルド**]	名 形	金(色)(の)
◇◇◇ **only** ◇ [óunli **オウンリ**]	形	ただ一つの, ただ一人の
◇◇◇ **grow** ◇ [gróu **グロウ**]	動	…になる ■過去形は grew
□ dark □ [dáːrk **ダーク**]	形	(光がなくて)暗い
□ *come back* □ □		帰る

Take your hat off.
帽子を取って。

"OK," Della accepted her offer.
「それでいいです」とデラはその値段を受け入れました。

教 p.124

Della took the money and hunted all over town to find Jim's present.
デラはお金を受け取り，ジムへの贈り物を見つけるために町じゅうを探しました。

When Jim married Della, he showed her a gold watch.
ジムがデラと結婚したとき，彼は彼女に金の時計を見せてくれました。

The gold watch was his only treasure, but he did not have a chain for it.
その金の時計は，彼にとってたった一つの宝物でしたが，時計用のチェーンがありませんでした。

It grew dark, and soon Jim came back.
暗くなり，間もなくジムが帰ってきました。

☐☐ **knock** [nák **ナク**]	動	〔ドアなどを〕ノックする；(強く)たたく ■ -ing形は knocking ❶ 語頭の k は発音しない
◇◇ **snow** [snóu **スノウ**]	名	雪
☐☐ *knock ... off ~*		～から…を払い落とす
☐☐ shabby [ʃǽbi **シャビ**]	形	(服などが)着古した，使い古した
◇◇ **have** [hǽv **ハヴ**]	動	A(物)を…させる，…してもらう ★ 〔have A ＋過去分詞〕の形で用いる ■ 過去形・過去分詞は had
☐☐ *cut off ...*		…を切る
☐☐ *take out ...*		…を取り出す
◇◇ **set** [sét **セト**]	名	セット，組，そろい
☐☐ *a set of ...*		ひとそろいの…
☐☐ comb [kóum **コウム**]	名	くし，髪飾り ■ 複数形は combs ❶ 語尾の b は発音しない
☐☐ jewel [dʒúːəl **デューエル**]	名	宝石 ■ 複数形は jewels
☐☐ tear [tíər **ティア**]	名	涙，泣くこと ■ 複数形は tears

He was **knocking** the **snow off** his **shabby** coat, but suddenly he stopped.
彼は**着古した**コートから**雪を払い落とし**ていましたが，突然それを止めました。

I **had** my hair **cut off** and sold it because . . . . It's Christmas, Jim.
私，髪を**切って**売ったの。だって…。クリスマスなのよ，ジム。

Jim slowly **took out** a small wrapped box and put it on the table.
ジムは小さな，包装された箱**をゆっくりと取り出し**，テーブルの上に置きました。

Della opened it and saw **a set of combs** with **jewels** on them.
デラはそれを開け，**宝石**のついた，**ひとそろいの髪飾り**を見つけました。

Tears ran down her face.
涙が彼女の頬を流れ落ちました。

READING FOR FUN 2　A Present for You

☐☐	silent [sáilənt　**サイレント**]	形	沈黙した，無言の；無音の
◇◇	**while** [hwáil　(ホ)**ワイル**]	名	時間；しばらく
☐☐	*for a while*		しばらくの間
☐☐	*look up*		見上げる
☐☐	smile [smáil　**スマイル**]	動	ほほえむ，にっこり笑う ■過去形・過去分詞は smiled
☐☐	shine [ʃáin　**シャイン**]	動	光る，輝く ■-ing形は shining
☐☐	beautifully [bjúːtəfəli **ビューティフリ**]	副	美しく
◇◇	**do** [dúː　**ドゥー**]	助	…する〔…です〕ね ★〔肯定文，don't＋主語？〕の形で用いて
◇◇	**dear** [díər　**ディア**]	形	かわいい，いとしい
☐☐	wife [wáif　**ワイフ**]	名	妻 ⇔husband 名 夫
☐☐	*sit down*		すわる

They were both silent for a while.
2人とも**しばらく沈黙した**ままでした。

At last Della looked up, smiled, and said, "My hair grows very fast."
ついにデラは**顔を上げ**，**ほほえみ**ながら，「私の髪はすぐに伸びるから」と言いました。

She took out the watch chain that was shining beautifully.
彼女は**美しく輝いている**時計のチェーンを取り出しました。

She showed it to him and said, "You like it, don't you? You'll have to look at the time a hundred times a day now."
彼女は彼にそれを見せ，言いました。「気に入って**くれるでしょう**？ これからは1日に何度も時刻を確認しなくちゃいけないわね。」

"Della, my dear wife," said Jim.
「デラ，**親愛なる妻よ**」とジムは言いました。

He sat down on a chair and smiled at her.
彼はいすに**すわり**，彼女にほほえみかけました。

READING FOR FUN 3　Learning from Nature

observe [əbzə́:rv オブ**ザ**ーヴ]	動	観察する ■過去形・過去分詞は observed
carefully [kéərfəli　**ケ**アフリ]	副	注意深く，慎重に；念入りに
mimic [mímik　**ミ**ミク]	動	まねする ■過去形・過去分詞は mimicked
instance [ínstəns　**イ**ンスタンス]	名	例，実例 ■複数形は instances
academic [æ̀kədémik　アカ**デ**ミク]	形	学問の，学問的な
field [fíːld　**フィ**ールド]	名	分野
biomimetics [bàioumimétiks　バイオウミ**メ**ティクス]	名	生体模倣技術
clarify [klǽrəfài　ク**ラ**リファイ]	動	明らかにする，解明する
method [méθəd　**メ**ソド]	名	(体系的・科学的)方法，方式 ■複数形は methods

Leonardo da Vinci observed birds very carefully
and made designs for flying machines that
mimicked the actions of birds' wings.
レオナルド・ダ・ヴィンチはとても**注意深く**鳥を**観察して**，鳥の翼の動きを
模倣した空飛ぶ機械の設計図を作りました。

His designs were also early instances of getting
ideas from nature and using the ideas to create new
products and technologies.
彼の設計図はまた，自然からアイデアを得て，それを使って新しい製品や科
学技術を創り出そうとした初期の**実例**です。

This academic field is called biomimetics.
このような**学術領域**は**生体模倣技術**と呼ばれています。

The following examples will clarify the methods
and uses of biomimetics.
以下の例を見れば，生体模倣技術の**方法**や使用法が**明らかになる**でしょう。

☐☐ biomimetic [bàioumimétik バイオウミメティク]	形	生体模倣技術を使った
☐☐ hook-and-loop fastener [hùk ənd lú:p fǽsnər フク アンド ループ ファスナ]	名	面ファスナー ■複数形は hook-and-loop fasteners ❶ fastener の -t- は発音しない

☐☐ Swiss [swís スウィス]	形	スイス(人)の
◇◇◇ walk [wɔ́:k ウォーク]	名	歩くこと，散歩
☐☐☐ *take a walk*		散歩する
☐☐ bur [bə́:r バー]	名	(植物の)イガ ■複数形は burs
☐☐ stick [stík スティク]	動	くっつく ■-ing形は sticking
☐☐☐ clothing [klóuðiŋ クロウズィング]	名	衣類，衣料品，衣服 ★clothes よりも意味が広く，帽子や靴など衣料品すべてを含む
☐☐ fur [fə́:r ファー]	名	(柔らかい)毛
☐☐ closely [klóusli クロウスリ]	副	綿密に，注意して；接近して

One of you might be using a biomimetic product —
the hook-and-loop fasteners on your wallet, shoes,
or bag.
みなさんの中には，**生体模倣技術**を用いた製品を使っている人がいるかもし
れません―それは財布や靴，バッグについている**面ファスナー**です。

教 p.127

The idea for these fasteners came to a Swiss
engineer.
このファスナーのアイデアは，ある**スイス人の**エンジニアが思いつきました。

He took a walk through some woods with his dog.
彼はイヌと一緒に，小さな森を通って**散歩しました**。

Burs were sticking to his clothing and the dog's
fur.
イガが自分の**服**やイヌの**毛**に**くっついて**いました。

He looked at one more closely.
彼はイガを１つ，さらに**注意して**見てみました。

171

hundreds of ...		何百の…，たくさんの…
hook [húk **フク**]	名	(物をつり下げる)かぎ，留め金 ■複数形は hooks
onto [ántə **アンタ**]	前	…の上に[へ]
loop [lú:p **ループ**]	名	輪；環状の物 ■複数形は loops
may [méi **メイ**]	助	…かもしれない，たぶん…だろう ★可能性を表す
resistance [rizístəns リ**ズィ**スタンス]	名	抵抗
enter [éntər **エンタ**]	動	(部屋などに)入る ■過去形・過去分詞は entered
narrow [nǽrou **ナロウ**]	形	狭い，細い ⇔wide 形 幅の広い；広い
at [ǽt **アト**]	前	…で ★割合・程度・値段・速度などを表す
speed [spí:d **スピード**]	名	速度，速力，スピード
pressure [préʃər **プレシャ**]	名	圧力
of [áv **アヴ**]	前	…から離れて ★起点を表す
ahead [əhéd **アヘド**]	副	前へ，前方に

There were **hundreds of** small **hooks** on it.
それには，**何百もの**小さな**かぎ**がついていました。

The hooks easily caught **onto loops** of clothing, animal fur, and other things.
そのかぎは，服や動物の毛などの**輪に**簡単にひっかかりました。

You **may** know another biomimetic success: the Shinkansen.
みなさんは，生体模倣技術の別の成功例を知っている**かもしれません**。それは新幹線です。

Before the 1990s, the Shinkansen had a problem with the air **resistance** in tunnels.
1990年代以前，新幹線はトンネルでの空気**抵抗**の問題を抱えていました。

Trains **entered** the **narrow** tunnels **at** high **speed**.
列車は高**速で狭い**トンネルに**入りました**。

This created air **pressure** inside the tunnel.
これがトンネル内部に空気**圧**を生み出しました。

When the train rushed out **of** the tunnel, it pushed the air **ahead** of it.
列車がトンネル**から**出るときは，列車の**前方へ**空気を押すことになります。

READING FOR FUN 3 ▶ Learning from Nature

sudden [sʌ́dn **サ**ドン]	形	突然の，急な
result [rizʌ́lt リ**ザ**ルト]	動	…になる，…という結果になる ★〔result in …〕の形で用いて ■過去形・過去分詞はresulted
result in ...		…という結果になる
noise [nɔ́iz **ノ**イズ]	名	物音；騒音
annoy [ənɔ́i ア**ノ**イ]	動	いらいらさせる，うるさがらせる ■過去形・過去分詞はannoyed
half-a-kilometer [hǽf ə kilámətər **ハ**ファ キ**ラ**ミタ]	名 形	半キロメートル(の)
slow [slóu ス**ロ**ウ]	動	速度を落とす
slow down		速度を落とす

READING FOR FUN 3 Learning from Nature

himself [himsélf ヒム**セ**ルフ]	代	彼自身を[に]，自分を[に]； 〔主語の意味を強めて〕彼自身で； 自分で
manage [mǽnidʒ **マ**ニヂ]	動	何とかうまく…する；どうにかやっていく
kingfisher [kíŋfiʃər **キ**ングフィシャ]	名	カワセミ

The **sudden** change in pressure **resulted in** a loud **noise** which **annoyed** people almost **half-a-kilometer** away.
圧力の**突然の**変化は，**結果として**，約**半キロ**離れたところにいる人々をも**いらいらさせる**ような，大きな**騒音**を引き起こしました。

The team decided to **slow down** the trains before they went into the tunnels.
そのチームは，列車がトンネルに入る前に**速度を落とす**ことを決めました。

📖 p.128

Then an engineer on the team said to **himself**, "We can do better than this. Is there a way to **manage** sudden changes in pressure?"
その後，チームのあるエンジニアが，「これよりももっとうまくできるはずだ。空気圧の突然の変化を**どうにかする**方法はないだろうか」と**ひとり**言を言いました。

He found an idea in the design of a bird, the **kingfisher**.
彼は**カワセミ**という鳥のデザインにアイデアを見つけました。

☐☐ pointy [pɔ́inti **ポインティ**]	形	先のとがった
☐☐ beak [bíːk **ビーク**]	名	くちばし
☐☐ dive [dáiv **ダイヴ**]	動	飛び込む；(飛行機・鳥などが)急降下する
☐☐ smoothly [smúːðli **スムーズリ**]	副	なめらかに，円滑に ❶ -th- は [ð] と発音する
◇◇ **much** [mʌ́tʃ **マチ**]	代	多量，たくさん
☐☐ splash [splǽʃ **スプラシュ**]	名	(水・泥などの)はね，水しぶき
☐☐ imitate [ímətèit **イミテイト**]	動	まねる ■過去形・過去分詞は imitated
☐☐ lower [lóuər **ロウア**]	動	下げる，減らす；下がる，減る ■過去形・過去分詞は lowered
◇◇ **save** [séiv **セイヴ**]	動	節約する，使わないようにする
☐☐ due [djúː **デュー**]	形	…が原因で，…のためで〔に〕 ★ [due to ...] の形で用いて
☐☐ *due to ...*		…のために
☐☐ **produce** [prədjúːs **プロデュース**]	動	引き起こす，もたらす ■過去形・過去分詞は produced
☐☐ traveler [trǽvlər **トラヴラ**]	名	旅行者 ■複数形は travelers
☐☐ nearby [nìərbái **ニアバイ**]	副	近くに

This bird has a long, pointy beak.
この鳥は長くて**先のとがったくちばし**を持っています。

Because of the beak's shape, the bird can dive smoothly into water without much of a splash or noise.
そのくちばしの形のおかげで，その鳥は**水しぶき**や騒音を**あまり**立てることなしに**なめらかに**水中に**飛び込む**ことができます。

Engineers tested a train design that imitated the kingfisher's beak.
エンジニアたちは，カワセミのくちばしを**まねた**列車の設計を試しました。

This lowered the noise trains made.
これが，列車が引き起こす騒音を**減らしたのです**。

In addition, trains could go faster and save energy due to the new design.
さらに，この新しい設計**のおかげで**，列車はより速く走行できるようになり，エネルギーを**節約する**こともできました。

This biomimetic design produced good results for travelers, people living nearby, and the company.
生体模倣技術を活用したこのデザインは，**旅行者**や**近くに**住む人々，そして鉄道会社にとってよい結果を**もたらしたのです**。

READING FOR FUN 3 Learning from Nature

evolve [iválv イヴァルヴ]	動	進化させる；進化する ■過去形・過去分詞は evolved
develop [divéləp ディヴェロプ]	動	発達させる；発達する ■過去形・過去分詞は developed
specific [spəsífik スペスィフィク]	形	特定の
adaptation [ædæptéiʃən アダプテイション]	名	適応，順応 ■複数形は adaptations
seed [síːd スィード]	名	(野菜・花などの小さな)種 ■複数形は seeds
engineering [èndʒəníəriŋ エンヂニアリング]	名	工学
wisdom [wízdəm ウィズダム]	名	(長年の経験に基づく)賢明(さ)，知恵

As all living things have evolved, they developed specific adaptations to their environments.
すべての生物は**進化し**ながら，環境に対してある**特定の適応性**を**発達させ**ました。

Burs stick to people and animals to spread the plant's seeds.
イガは，**種子**をまくために人や動物にくっつきます。

These and other ideas from nature have inspired humans in many ways: in engineering, in design, in art, and in life.
自然から得たこれらのアイデア，そしてその他のアイデアは，多くの方法で人間を奮い立たせてきました—**工学**やデザイン，芸術，生活においてです。

The wisdom of nature broadens our mind and helps us improve our lives.
自然の**知恵**は私たちの視野を広げ，私たちの生活をよりよくすることに役立っています。

CHECK IT OUT!

Lesson 7 GET Part 1

📖 pp.103~105

(1)	_____	思う
(2)	_____	会社
(3)	s_____	(母語)話者
(4)	r_____	研究する
(5)	to tell the _____	実を言えば
(6)	figure _____ ...	…を解く，理解する
(7)	_____ ... into 〜	…を〜に費やす
(8)	_____ a great time	楽しい時を過ごす
(9)	in the _____	将来
(10)	_____ of ...	…から外側へ
(11)	in _____	困って

① 月 日 ／11点	② 月 日 ／11点	③ 月 日 ／11点

Lesson 7 GET Part 2

📖 pp.106~107

(1)	_____	…を(取り)扱う
(2)	_____	決心
(3)	_____	離れて
(4)	_____	まじめに，本気で
(5)	_____ a decision	決断する
(6)	be _____ to ...	…する準備ができた
(7)	deal _____ ...	…を取り扱う，…を対処する
(8)	keep in _____	連絡を取り合う

① 月 日 ／8点	② 月 日 ／8点	③ 月 日 ／8点

(1)	_____	…の範囲内に〔で〕
(2)	_____	はっきりと，明確に
(3)	_____	…を参考にする，参照する，調べる
(4)	_____	答え，返答
(5)	_____	(店の)客
(6)	o _____	組織，団体
(7)	m _____	医学の，医療の
(8)	t _____	治療，手当
(9)	p _____	患者，病人
(10)	c _____	(情報などを)伝えること，意思の疎通
(11)	u _____	理解
(12)	a _____	注意(力)
(13)	a _____	人工の
(14)	i _____	知性，知能
(15)	r _____	研究者
(16)	G _____	ドイツ語〔人〕
(17)	i _____	宿
(18)	a _____	現れる，(テレビなどに)出る
(19)	b _____	小冊子，パンフレット
(20)	f _____	外国人
(21)	i _____	インタビュー〔面接〕をする
(22)	s _____	満足した
(23)	b _____	広げる
(24)	refer _____ ...	…を参照する
(25)	not _____ ...	…だけでなく

CHECK IT OUT!

(26) than _____ before   これまでより

| ① 月 日 | ／26点 | ② 月 日 | ／26点 | ③ 月 日 | ／26点 |

Lesson 7 USE Speak   教 pp.112~113

(1) s _____   隔てる
(2) _____ you.   じゃあまた。

| ① 月 日 | ／2点 | ② 月 日 | ／2点 | ③ 月 日 | ／2点 |

GET Plus 3   教 p.114

(1) d _____   飾る，装飾する

| ① 月 日 | ／1点 | ② 月 日 | ／1点 | ③ 月 日 | ／1点 |

Word Bank   教 p.115

(1) i _____   招待

| ① 月 日 | ／1点 | ② 月 日 | ／1点 | ③ 月 日 | ／1点 |

Project 3   教 pp.118~121

(1) _____   扱う，処理する
(2) e _____   備品，用具
(3) r _____   取り除く，取り外す
(4) f _____   自由に
(5) e _____   年配の
(6) n _____   託児所

(7)	n _____ s _____	保育園
(8)	e _____	例外
(9)	s _____	流す
(10)	a _____	聴衆，観客
(11)	_____ days	最近
(12)	be _____ from ...	…と違っている
(13)	come _____	集まる

| ① 月 日 ／13点 | ② 月 日 ／13点 | ③ 月 日 ／13点 |

READING FOR FUN 2 教 p.122

(1)	_____	お金
(2)	_____	夫
(3)	c _____	セント，1セント銅貨
(4)	C _____	クリスマス
(5)	g _____	灰色(の)
(6)	f _____	囲い，さく，へい
(7)	y _____	庭，中庭，裏庭

| ① 月 日 ／7点 | ② 月 日 ／7点 | ③ 月 日 ／7点 |

READING FOR FUN 2 教 p.123

(1)	_____	「(商品を)扱う」の過去形・過去分詞
(2)	_____	受け入れる
(3)	e _____	疲れ果てた
(4)	s _____	光っている，輝く
(5)	g _____	商品

CHECK IT OUT!

(6) a _____ | アパート，共同住宅
(7) say _____ oneself | ひとりごとを言う
(8) go _____ to ... | …のところまで行く
(9) take _____ ... | …を取り外す

| ① | 月 | 日 | ／9点 | ② | 月 | 日 | ／9点 | ③ | 月 | 日 | ／9点 |

READING FOR FUN 2
教 p.124

(1) _____ | 結婚する
(2) _____ | ノックする，（強く）たたく
(3) h _____ | 探す
(4) d _____ | （光がなくて）暗い
(5) s _____ | 着古した
(6) c _____ | くし，髪飾り
(7) j _____ | 宝石
(8) t _____ | 涙，泣くこと
(9) come _____ | 帰る
(10) knock ... _____ ～ | ～から…を払い落とす
(11) cut _____ ... | …を切る
(12) take _____ ... | …を取り出す
(13) a _____ of ... | ひとそろいの…

| ① | 月 | 日 | ／13点 | ② | 月 | 日 | ／13点 | ③ | 月 | 日 | ／13点 |

READING FOR FUN 2

教 p.125

(1)	_____	妻
(2)	s	沈黙した，無言の
(3)	s	ほほえむ，にっこり笑う
(4)	s	光る，輝く
(5)	b	美しく
(6)	for a _____	しばらくの間

① 月 日 ／6点	② 月 日 ／6点	③ 月 日 ／6点

READING FOR FUN 3

教 p.126

(1)	_____	方法，方式
(2)	o	観察する
(3)	c	注意深く，念入りに
(4)	i	例，実例
(5)	a	学問の，学問的な
(6)	c	明らかにする

① 月 日 ／6点	② 月 日 ／6点	③ 月 日 ／6点

CHECK IT OUT!

(1)		圧力
(2)		前へ，前方に
(3)	S	スイス(人)の
(4)	f	(柔らかい)毛
(5)	c	綿密に，接近して
(6)	h	(物をつり下げる)かぎ，留め金
(7)	o	…の上に[へ]
(8)	l	輪，環状の物
(9)	r	抵抗
(10)	e	(部屋などに)入る
(11)	s	速度，スピード
(12)	s	突然の，急な
(13)	n	物音，騒音
(14)	a	いらいらさせる，うるさがらせる
(15)	_____ a walk	散歩する
(16)	_____ in ...	…という結果になる
(17)	slow _____	速度を落とす

① 月 日 ／17点	② 月 日 ／17点	③ 月 日 ／17点

(1)	_____	彼自身を [に], 彼自身で
(2)	_____	何とかうまく…する
(3)	_____ to ...	…が原因で, …のためで〔に〕
(4)	_____	引き起こす, もたらす
(5)	b _____	くちばし
(6)	d _____	飛び込む, (鳥などが)急降下する
(7)	s _____	なめらかに, 円滑に
(8)	s _____	(水・泥などの)はね, 水しぶき
(9)	i _____	まねる
(10)	l _____	減らす, 減る
(11)	t _____	旅行者
(12)	n _____	近くに

① 月 日 ／12点	② 月 日 ／12点	③ 月 日 ／12点

(1)	_____	特定の
(2)	e _____	進化させる, 進化する
(3)	d _____	発達させる, 発達する
(4)	a _____	適応, 順応
(5)	s _____	種
(6)	e _____	工学
(7)	w _____	賢明(さ), 知恵

① 月 日 ／7点	② 月 日 ／7点	③ 月 日 ／7点

■不規則動詞の活用表

[原形(もとの形)]	[現在形]	[過去形]	[過去分詞]
be(…である，…にいる)	am/is/are	was/were	been
become(…になる)	become(s)	became	become
begin(始まる，始める)	begin(s)	began	begun
bite(かむ)	bite(s)	bit	bitten
break(壊す)	break(s)	broke	broken
bring(持ってくる)	bring(s)	brought	brought
build(建てる)	build(s)	built	built
burn(燃やす)	burn(s)	burned/burnt	burned/burnt
buy(買う)	buy(s)	bought	bought
catch(つかまえる)	catch(es)	caught	caught
choose(選ぶ)	choose(s)	chose	chosen
come(来る)	come(s)	came	come
cost((お金・時間)がかかる)	cost(s)	cost	cost
cut(切る)	cut(s)	cut	cut
deal((取り)扱う)	deal(s)	dealt	dealt
do(する，行動する)	do/does	did	done
draw(引く，描く)	draw(s)	drew	drawn
drink(飲む)	drink(s)	drank	drunk
drive(運転する)	drive(s)	drove	driven
eat(食べる)	eat(s)	ate	eaten
fall(落ちる)	fall(s)	fell	fallen
feed(食べものを与える)	feed(s)	fed	fed
feel(感じる)	feel(s)	felt	felt
fight(戦う)	fight(s)	fought	fought
find(見つける)	find(s)	found	found
fit(合わせる)	fit(s)	fit/fitted	fit/fitted
fly(飛ぶ)	fly/flies	flew	flown
forget(忘れる)	forget(s)	forgot	forgot/forgotten

[原形(もとの形)]	[現在形]	[過去形]	[過去分詞]
get(手に入れる，…になる)	get(s)	got	got/gotten
give(与える)	give(s)	gave	given
go(行く)	go(es)	went	gone
grow(育つ)	grow(s)	grew	grown
have(持っている)	have/has	had	had
hear(聞く)	hear(s)	heard	heard
hide(隠す)	hide(s)	hid	hid/hidden
hit(打つ，当たる)	hit(s)	hit	hit
hold(持つ，にぎる)	hold(s)	held	held
hurt(傷つける)	hurt(s)	hurt	hurt
keep((状態の)ままでいる，保つ)	keep(s)	kept	kept
know(知っている)	know(s)	knew	known
lay(置く，(卵を)産む)	lay(s)	laid	laid
learn(学ぶ)	learn(s)	learned/learnt	learned/learnt
lead(導く)	lead(s)	led	led
leave(去る)	leave(s)	left	left
lend(貸す)	lend(s)	lent	lent
let(～させる)	let(s)	let	let
lose(失う，負ける)	lose(s)	lost	lost
make(作る)	make(s)	made	made
mean(意味する)	mean(s)	meant	meant
meet(会う)	meet(s)	met	met
put(置く)	put(s)	put	put
quit(やめる)	quit(s)	quit	quit
read(読む)	read(s)	read [réd]	read [réd]
ride(乗る)	ride(s)	rode	ridden
ring(鳴る)	ring(s)	rang	rung

[原形(もとの形)]	[現在形]	[過去形]	[過去分詞]
rise(のぼる)	rise(s)	rose	risen
run(走る)	run(s)	ran	run
say(言う)	say(s)	said	said
see(見る)	see(s)	saw	seen
sell(売る)	sell(s)	sold	sold
send(送る)	send(s)	sent	sent
set(置く，（太陽や月が）沈む)	set(s)	set	set
shake(振る)	shake(s)	shook	shaken
shoot(撃つ)	shoot(s)	shot	shot
show(見せる)	show(s)	showed	shown
shut((ドアなどを)しめる)	shut(s)	shut	shut
sing(歌う)	sing(s)	sang	sung
sit(すわる)	sit(s)	sat	sat
sleep(眠る)	sleep(s)	slept	slept
speak(話す)	speak(s)	spoke	spoken
spend(費やす，過ごす)	spend(s)	spent	spent
spread(広がる，広げる)	spread(s)	spread	spread
stand(立つ)	stand(s)	stood	stood
swim(泳ぐ)	swim(s)	swam	swum
take(持って行く)	take(s)	took	taken
teach(教える)	teach(es)	taught	taught
tell(言う，知らせる)	tell(s)	told	told
think(考える)	think(s)	thought	thought
throw(投げる)	throw(s)	threw	thrown
understand(理解する)	understand(s)	understood	understood
upset(気を動転させる)	upset(s)	upset	upset
wear(身につける)	wear(s)	wore	worn
win(勝つ)	win(s)	won	won
write(書く)	write(s)	wrote	written

■ 形容詞・副詞の比較変化表

*教科書で使われているすべての形容詞・副詞は掲載していません。

① 規則的に変化するもの：比較級には -er を，最上級には -est をつける
単語

［原級（もとの形）］	［比較級］	［最上級］
big（大きい）	bigger	biggest
bright（輝く）	brighter	brightest
calm（穏やかな）	calmer	calmest
clear（晴れた，明らかな）	clearer	clearest
clever（利口な）	cleverer	cleverest
deep（深い）	deeper	deepest
early（早く，早い）	earlier	earliest
easy（やさしい）	easier	easiest
funny（こっけいな）	funnier	funniest
narrow（狭い，細い）	narrower	narrowest
near（近く，近い）	nearer	nearest
simple（簡単な）	simpler	simplest
sticky（ねばねばする）	stickier	stickiest
strange（奇妙な）	stranger	strangest
tall（背が高い）	taller	tallest
sweet（甘い）	sweeter	sweetest
young（奇妙な）	younger	youngest

▷発音しないeで終わる語には -r，-st をつける。
safe-safer-safest
▷語尾が［短母音＋子音字］の語は最後の文字を重ねて -er, -est をつける。
sad-sadder-saddest
▷語尾が［子音字＋y］の語は y を i に変えて -er，-est をつける。
busy-busier-busiest

*clever（clev-er）（利口な）は2音節の語で，more clever, most clever の形も用いる。

② 規則的に変化するもの：比較級にはmoreを，最上級にはmostをつ
  ける単語

[原級(もとの形)]	[比較級]	[最上級]
awful(恐ろしい)	more awful	most awful
boring(退屈な)	more boring	most boring
careful(注意深い)	more careful	most careful
carefully(注意深く)	more carefully	most carefully
cheerful(元気のいい)	more cheerful	most cheerful
closely(綿密に)	more closely	most closely
comfortable(ここちよい)	more comfortable	most comfortable
dangerous(危険な)	more dangerous	most dangerous
delicious(とてもおいしい)	more delicious	most delicious
difficult(難しい)	more difficult	most difficult
effective(効果的な)	more effective	most effective
exciting(興奮させる)	more exciting	most exciting
familiar(よく知られている)	more familiar	most familiar
interesting(おもしろい)	more interesting	most interesting
often(しばしば)	more often	most often
serious(重大な)	more serious	most serious
surprising(驚くべき)	more surprising	most surprising
wonderful(すばらしい)	more wonderful	most wonderful

▷ 2 音節の語の大部分，3 音節以上の語には more，most をつける。

▷ 語尾が -ful，-ous，-ing などの語や -ly で終わる副詞には more，most
  をつける。

* early(早く，早い)は earlier，earliest を用いる。

③ 不規則に変化する比較級，最上級

[原級(もとの形)]	[比較級]	[最上級]
bad(形悪い)	worse	worst
good(形よい)	better	best
well(形健康な／副上手に)	better	best
little(形少しの／副少し)	less	least
many(形(数が)多い)	more	most
much(形(量が)多い／副大いに)	more	most

▷比較級，最上級を含めて使用頻度の高い語ばかりなので覚えておきましょう。

＊ far((距離が)遠く，遠い)-farther(furthest)-farthest(furthest)のように変化する語も少数ある。

CHECK IT OUT! 解答

(1) remind
(2) original
(3) record
(4) hate
(5) while
(6) powerful
(7) theme
(8) American
(9) version
(10) earthquake
(11) encourage
(12) courage
(13) album
(14) worldwide
(15) launch
(16) eliminate
(17) support
(18) truly
(19) believe <u>in</u> ...

(1) discuss
(2) narrow
(3) pitcher
(4) trumpet
(5) <u>come</u> up with ...

(6) narrow <u>down</u> ... to ～

(1) OK
(2) beginning
(3) friendship
(4) rough
(5) rest
(6) mirror
(7) stamp
(8) a <u>little</u>
(9) <u>wait</u> for ...

(1) move
(2) arm
(3) unfortunately
(4) stage
(5) seem
(6) though
(7) argument
(8) issue
(9) trust
(10) close
(11) darkness
(12) bravely
(13) danger

(14) operation
(15) couldn't
(16) <u>decide</u> to ...
(17) get <u>tired</u>
(18) <u>give</u> up
(19) day <u>by</u> day

Lesson 1   USE Speak
📖 pp.14~15
本書 p.27

(1) title
(2) bloom
(3) victim
(4) living
(5) survivor

Take Action! Listen 1
📖 p.16
本書 p.27

(1) west
(2) building
(3) push
(4) drill
(5) instruction

Take Action! Talk 1
📖 p.17
本書 p.27

(1) particular
(2) season
(3) <u>in</u> particular

Lesson 2   GET Part 1
📖 pp.19~21
本書 p.44

(1) <u>depend</u> on...
(2) bedroom
(3) meeting
(4) print
(5) Marathi
(6) kettle
(7) fork
(8) soap
(9) blanket
(10) pillow
(11) dining
(12) deliver
(13) flag

Lesson 2   GET Part 2
📖 pp.22~23
本書 p.45

(1) film
(2) Indian
(3) direct
(4) release
(5) tale
(6) catchy
(7) uplifting
(8) create
(9) compose

CHECK IT OUT! 解答

Lesson 2　USE Read
教 pp.24~25
本書 pp.45~46

(1) major
(2) system
(3) remain
(4) across
(5) business
(6) locate
(7) South Asia
(8) billion
(9) mile
(10) official
(11) shampoo
(12) Urdu
(13) mostly
(14) northern
(15) Arabic
(16) beauty
(17) grace
(18) literature
(19) poetry
(20) commonly
(21) diversity
(22) come across ...

Lesson 2　USE Write
教 pp.26~27
本書 p.46

(1) wasteful
(2) blank

Take Action! Listen 2
教 p.28
本書 p.46

(1) somewhere
(2) through

Take Action! Talk 2
教 p.29
本書 p.47

(1) suggestion
(2) deer
(3) according to ...

Project 1
教 pp.32~33
本書 p.47

(1) piece
(2) premium
(3) cone
(4) contain
(5) seaweed
(6) texture
(7) go well with ...

Lesson 3　GET Part 1
教 pp.35~37
本書 p.60

(1) glass
(2) destroy
(3) atomic
(4) bomb

(5) dome
(6) couch

Lesson 3   GET Part 2
📖 pp.38~39
本書 p.60

(1) damage
(2) display
(3) shock
(4) reality
(5) Switzerland
(6) on display

Lesson 3   USE Read
📖 pp.40~43
本書 p.61

(1) end
(2) especially
(3) cause
(4) receive
(5) flash
(6) survive
(7) elementary
(8) elementary school
(9) runner
(10) select
(11) relay
(12) sickness
(13) cancer
(14) memorial
(15) at least

(16) grow up
(17) at first
(18) have a cold
(19) get worse
(20) go back

Lesson 3   USE Write
📖 pp.44~45
本書 p.62

(1) witch
(2) journey
(3) herself

Take Action! Listen 3
📖 p.46
本書 p.62

(1) purse
(2) discount

Take Action! Talk 3
📖 p.47
本書 p.62

(1) tonight

GET Plus 1
📖 p.48
本書 p.62

(1) tournament

CHECK IT OUT! 解答

Word Bank
📖 p.49
本書 p.63

(1) shocked
(2) score
(3) injured

Lesson 4　GET Part 1
📖 pp.51~53
本書 p.88

(1) used
(2) introduce
(3) director
(4) costume
(5) fairy
(6) recipe
(7) drawing
(8) introduce ... to ~
(9) lots of ...

Lesson 4　GET Part 2
📖 pp.54~55
本書 p.88

(1) talented
(2) everywhere
(3) advice

Lesson 4　USE Read
📖 pp.56~59
本書 pp.88~89

(1) success

(2) whole
(3) perhaps
(4) fit
(5) each
(6) probably
(7) familiar
(8) adjustment
(9) viewer
(10) involve
(11) content
(12) originally
(13) translate
(14) literally
(15) relate
(16) attractive
(17) mainly
(18) unfamiliar
(19) adjust
(20) western
(21) explanation
(22) reader
(23) behavior
(24) setting
(25) professional
(26) adapt

Lesson 4　USE Write
📖 pp.60~61
本書 p.90

(1) frequently
(2) therefore

(1) discovery
(2) university
(3) conclusion

(1) line
(2) I got it.

(1) land
(2) cover
(3) dead
(4) care
(5) body
(6) balcony
(7) port
(8) oil
(9) laid
(10) lay
(11) take care of ...

(1) direction
(2) mom
(3) fat
(4) dirty
(5) rat
(6) mean
(7) attack

(1) even
(2) correct
(3) even though ...

(1) pull
(2) position
(3) moment
(4) control
(5) wide
(6) flying
(7) fail
(8) wing
(9) edge
(10) gain

CHECK IT OUT! 解答

(11) wind

(12) <u>pull</u> away

(13) <u>step</u> into ...

Lesson 5 GET Part 1
📖 pp.69~71
本書 p.116

(1) martial

(2) martial arts

(3) repair

Lesson 5 GET Part 2
📖 pp.72~73
本書 p.116

(1) public

(2) section

(3) fill

(4) effort

(5) refuse

(6) arrest

(7) creativity

(8) honesty

(9) you've

(10) <u>fill</u> up

Lesson 5 USE Read
📖 pp.74~77
本書 p.117

(1) car

(2) anywhere

(3) kill

(4) death

(5) restroom

(6) fountain

(7) unfair

(8) movement

(9) justice

(10) boycott

(11) last

(12) achievement

(13) inspire

(14) quote

(15) nation

(16) judge

(17) skin

(18) be <u>able</u> to ...

(19) <u>under</u> the law

(20) be <u>free</u> to ...

(21) join <u>hands</u> with ...

Lesson 5 USE Write
📖 p.78
本書 p.118

(1) base

(2) be <u>based</u> on ...

Lesson 5 USE Speak
📖 p.79
本書 p.118

(1) teenager

Take Action! Listen 5
📖 p.80
本書 p.118

(1) son
(2) roller coaster

Take Action! Talk 5
📖 p.81
本書 p.119

(1) bit
(2) slice
(3) pickle
(4) chip
(5) a <u>little</u> bit of ...
(6) <u>Anything</u> else?

Project 2
📖 pp.84~86
本書 p.119

(1) date
(2) presentation
(3) region
(4) topic
(5) below
(6) criteria
(7) criterion
(8) selection
(9) committee
(10) delivery

Lesson 6 GET Part 1
📖 pp.87~89
本書 p.136

(1) imagine
(2) truth
(3) period
(4) dinosaur
(5) grandchildren
(6) grandchild
(7) descendant

Lesson 6 GET Part 2
📖 pp.90~91
本書 p.136

(1) complain
(2) translator
(3) communicate
(4) rhino
(5) sea lion
(6) <u>all</u> the time
(7) <u>for</u> sure

Lesson 6 USE Read
📖 pp.92~95
本書 p.137

(1) nobody
(2) modern
(3) personal
(4) inventor
(5) feather
(6) gradually

CHECK IT OUT! 解答

(7) secret

(8) aircraft

(9) ridiculous

(10) imagination

(11) unexpected

(12) invention

(13) successful

(14) experiment

(15) glider

(16) failure

(17) hesitate

(18) make <u>fun</u> of ...

(19) in <u>order</u> to ...

(20) find <u>out</u> ...

(21) as <u>soon</u> as ...

(22) start <u>off</u>

Lesson 6　USE Write
教 pp.96~97
本書 p.138

(1) reach

(2) myself

(3) blackboard

(4) serious

(5) pond

(6) forever

Take Action! Listen 6
教 p.98
本書 p.138

(1) central

(2) Central America

(3) rainforest

(4) plantation

(5) recover

(6) proud

Word Bank
教 p.101
本書 p.138

(1) pollution

(2) gender

(3) equality

(4) human

Lesson 7　GET Part 1
教 pp.103~105
本書 p.180

(1) figure

(2) company

(3) speaker

(4) research

(5) to tell the <u>truth</u>

(6) figure <u>out</u>

(7) <u>put</u> ... into ~

(8) <u>have</u> a great time

(9) in the <u>future</u>

(10) <u>out</u> of ...

(11) in <u>need</u>

(1) deal
(2) decision
(3) apart
(4) seriously
(5) make a decision
(6) be ready to ...
(7) deal with ...
(8) keep in touch

(1) within
(2) clearly
(3) refer
(4) response
(5) customer
(6) organization
(7) medical
(8) treatment
(9) patient
(10) communication
(11) understanding
(12) attention
(13) artificial
(14) intelligence
(15) researcher
(16) German

(17) inn
(18) appear
(19) brochure
(20) foreigner
(21) interview
(22) satisfied
(23) broaden
(24) refer to ...
(25) not only ...
(26) than ever before

(1) separate
(2) See you.

(1) decorate

(1) invitation

(1) handle

CHECK IT OUT! 解答

(2) equipment

(3) remove

(4) freely

(5) elderly

(6) nursery

(7) nursery school

(8) exception

(9) stream

(10) audience

(11) <u>these</u> days

(12) be <u>different</u> from ...

(13) come <u>together</u>

READING FOR FUN 2
教 p.122
本書 p.183

(1) money

(2) husband

(3) cent

(4) Christmas

(5) gray

(6) fence

(7) yard

READING FOR FUN 2
教 p.123
本書 pp.183~184

(1) dealt

(2) accept

(3) exhausted

(4) shiny

(5) goods

(6) apartment

(7) say <u>to</u> oneself

(8) go <u>up</u> to ...

(9) take <u>off</u> ...

READING FOR FUN 2
教 p.124
本書 p.184

(1) marry

(2) knock

(3) hunt

(4) dark

(5) shabby

(6) comb

(7) jewel

(8) tear

(9) come <u>back</u>

(10) knock ... <u>off</u> ~

(11) cut <u>off</u> ...

(12) take <u>out</u> ...

(13) a <u>set</u> of ...

READING FOR FUN 2
教 p.125
本書 p.185

(1) wife

(2) silent

(3) smile

(4) shine

(5) beautifully

(6) for a <u>while</u>

READING FOR FUN 3
📖 p.126
本書 p.185

(1) method
(2) observe
(3) carefully
(4) instance
(5) academic
(6) clarify

READING FOR FUN 3
📖 p.127
本書 p.186

(1) pressure
(2) ahead
(3) Swiss
(4) fur
(5) closely
(6) hook
(7) onto
(8) loop
(9) resistance
(10) enter
(11) speed
(12) sudden
(13) noise
(14) annoy
(15) <u>take</u> a walk
(16) <u>result</u> in ...

(17) slow <u>down</u>

READING FOR FUN 3
📖 p.128
本書 p.187

(1) himself
(2) manage
(3) <u>due</u> to ...
(4) produce
(5) beak
(6) dive
(7) smoothly
(8) splash
(9) imitate
(10) lower
(11) traveler
(12) nearby

READING FOR FUN 3
📖 p.129
本書 p.187

(1) specific
(2) evolve
(3) develop
(4) adaptation
(5) seed
(6) engineering
(7) wisdom

■ 英語表記のルール

　英文で意味を正しく伝えるため，あるいは正しく意味を読み取るためには符号をしっかり理解している必要があります。書く際には間違いなく記すことが大切です。以下に，代表的な符号の基本的な使い方を載せています。

　　　　　　　　　　　＊教科書の「付録」22 ページも参考にしましょう。

① ピリオド (.)
　・平叙文や命令文の終わりに使う。　 I agree.
　・略語を作る。　 the U.K. (the United Kingdom)

② コンマ (,)
　・文頭に来る語句や，文の意味の切れ目に入れる。
　　In addition, we can see deer.
　　You might know the anime, but it is from a book written by
　　Kadono Eiko.
　・語句を並べるとき。
　　Their players were fast, skillful, and full of energy.
　・呼びかけ，言い換え，追加に用いる。
　　Hello, this is Jing.
　　To the native people, the Anangu, the rock is a sacred place.
　　Yes, you're right.

③ クォーテーションマーク／引用符 (" " ' '　それぞれセットで用いる)
　・人の発言や引用を表す。
　　The businessman said, "Nothing. I simply own them because I
　　want to be rich."
　　＊文の途中で引用符が使われた場合であっても，引用符中が文の場合は大文字から始める。引用符中の最後の文のピリオドが全体の文のピリオドを兼ねる。
　・注意を引きたいとき，強調したいとき，普通と異なる意味で用いるときに用いる。
　　For example, 'pajamas' and 'shampoo' come from Hindi.
　・映画や本，歌の題名に用いる。
　　I really like the song "Stand by Me".

④ クエスチョンマーク (?)
疑問文の文末につける。

   What would you like on your sandwich?
   ＊文末にクエスチョンマークを用いるとき，ピリオドは必要ない。

⑤ エクスクラメーションマーク (!)
強い感情や強調，驚きを表したいときに用いる。

   Oh, no!
   "Stop!" cried Humpty Dumpty.
   ＊文末にエクスクラメーションマークを用いるとき，ピリオドは必要ない。

⑥ アポストロフィ (')
所有格，短縮形を作る。

   Hana's team won the soccer tournament.
   They're painters.

⑦ コロン (:)
・会話の発話者を示す。

   Hana: Oh, do you know that anime?
・具体例を挙げる。

   Generally, there are six types of tea: green, black, yellow,
   white, oolong, and *pu'er*.

⑧ ダッシュ (—)
前に述べた語句を補足したり，強調したりする。

   One of you might be using a biomimetic product — the hook-
   and-loop fasteners on your wallet, shoes, or bag.

⑨ ハイフン (-)
・複数の語をつなぎ合わせて形容詞や複合語を作る。
It tells lots of great stories about African-American life, history, and culture.
Another made a duck-like machine.
・21 から 99 までの数字を表すとき。
For about twenty-five years.

⑩ 省略 (...)
・語句や文，引用部分の省略，またちゅうちょや気分の変化，疑いなどを表す。
I have a dream that one day ... little black boys and black girls will be able to join hands with little white boys and white girls as sisters and brothers.
One two ... three!

⑪ イタリック／斜字体 (*ryokan*)
語句を強調したいとき、本の題名，雑誌・新聞などの名称，英語ではない言語，専門用語などを表すときに用いる。
I own a *ryokan*, a Japanese-style inn.
It is based on *Alice's Adventures in Wonderland*.
＊斜字体は手書きの場合はクォーテーションマークを使ったり，下線を引いたりして表す。

索引 INDEX

b/c/d

索引 INDEX

単語・語句	品詞	掲載ページ
Gaudi	名	32
gender	名	134
German	名	148
get	動	78
get injured		59
get off		78
get tired		18
get worse		54
give up		18
glass	名	48
glider	名	130
go	動	34
go back		56
go up to ...		160
go well with ...		42
Gogh	名	33
gold	名形	162
goods	名	160
grace	名	36
gradually	副	126
graduation	名	18
grandchild	名	120
grandchildren	名	120
gray	名形	158
Great East Japan Earthquake	名	8
grow	動	52, 162
grow up		52
gull	名	78
had to ...		130
half-a-kilometer	名形	174
handle	動	156
hate	名	10
have	助	12
	動	164
have a cold		54
have a great time		140
Have a nice trip!		78

単語・語句	品詞	掲載ページ
head	名	82
Hello, Goodbye	名	31
help	動	142
herself	代	56
hesitate	動	130
himself	代	174
hit	名	6
honesty	名	96
hook	名	172
hook-and-loop fastener	名	170
hope	名	20
housing	名	112
human	名形	135
hundreds of ...		172
hunt	動	162
husband	名	158
I got it.		78
I miss you.		142
imagination	名	128
imagine	動	120
imitate	動	176
in	前	82
in need		140
in order to ...		128
in particular		22
in the future		140
Indian	名形	30
injured	形	59
inn	名	150
inspire	動	102
instance	名	168
instruction	名	22
intelligence	名	148
interest	動	124
interview	動	150
introduce	動	64
introduce ... to ～		64

索引 INDEX

単語・語句	品詞	掲載ページ
meeting	名	31
memorial	形名	56
meow	動	120
method	名	168
mid-1900s	名	36
mile	名	34
mimic	動	168
mirror	名	14
miss	動	142
modern	形	128
mom	名	82
moment	名	86
Monet	名	50
money	名	158
Montgomery	名	100
moon	名	140
more than ...		6
most	形	94
mostly	副	34
move	動	16
move on		16
movement	名	100
Mozart	名	33
much	代	176
myself	代	132
narrow	動	12
	形	172
narrow down ...		12
to ~		
nation	名	104
near	前	78
nearby	副	176
need	名	140
New York	名	123
next	副	16
next to ...		16
NGO	《略》	144
No, thank you.		110

単語・語句	品詞	掲載ページ
nobody	代	124
noise	名	174
non-governmental	形	144
non-Japanese	形	72
nope	副	59
northern	形	34
not ... but ~		104
not always		124
not only ...		152
note	名	28
notebook	名	38
nursery	名	156
nursery school	名	156
observe	動	168
of	前	172
off	前	16
	副	78, 162
offer	名	162
official	形	34
oil	名	80
OK	形間	14
on	副	16
	前	28, 72
on display		50
onion	名	110
only	副	48
	形	162
onto	前	172
operation	名	16
or	接	96
organization	名	144
original	形	8, 106
	名	74
originally	副	68
other	代	112
out of ...		140
over	前	50
	副	130

索引 INDEX

索引 INDEX

メモ MEMO

メモ MEMO

【デザイン】有限会社アルデザイン　佐藤　誠
【レイアウト】株式会社双文社印刷
【編集協力】株式会社ターンストーンリサーチ

| 15 | 三省堂 | 英語 903 | NEW CROWN English Series 3 |

三省堂 ニュークラウン 完全準拠　英単語集

―――――――― 3 ――――――――

編　　者	三　省　堂　編　修　所
発　行　者	株式会社　三　省　堂
	代表者　瀧　本　多　加　志
印　刷　者	三　省　堂　印　刷　株　式　会　社
発　行　所	株式会社　三　省　堂

〒102-8371　東京都千代田区麹町五丁目 7 番地 2
電話　(03)3230-9411
https://www.sanseido.co.jp/
© Sanseido Co., Ltd. 2021
Printed in Japan

〈03 中英単語集 3〉④